Dietrich Grund · Andreas Huber

Hilprant und die Familie der Taufkircher

Die Deutsche Nationalbibliothek verzeichnet diese Publikation in der Deutschen Nationalbibliografie, detaillierte bibliografische Daten sind im Internet über http://dnb.dnb.de abrufbar.

Herstellung und Verlag:
BoD – Books on Demand, Norderstedt.
ISBN: 978-3-7386-5482-0

Die Autoren:

Dietrich Grund

Heimatforscher, Taufkirchen
(Text)

Andreas Huber

Kaufmann, München-Perlach
(Layout)

Erste Umschlagseite: Familienstammbaum der Taufkircher

Letzte Umschlagseite: Hilprant I. (Ausschnitt aus Grabmalzeichnung)

Grußwort von Bürgermeister Ulrich Sander

Die Geschichte Taufkirchens reicht weit zurück in die Vergangenheit. Sie beginnt im 8. Jahrtausend v. Chr. Die jüngere Vergangenheit Taufkirchens über das Mittelalter hinweg wird durch Zeugnisse und Dokumente belegt und erzählt von Freud und Leid, von Armut und Reichtum. Herrschaft und Gerichtsbarkeit waren eng miteinander verbunden und der bedeutende Einfluss der Kirche und ihrer Klöster war nicht zu unterschätzen. Die Bevölkerung war klaren Regeln und Strukturen unterworfen. Zuwiderhandlungen wurden mitunter hart und unbarmherzig bestraft. Dies lässt bereits erahnen, dass das Leben zu jener Zeit große Herausforderungen mit sich brachte.

Ein besonderes Augenmerk wird hier auf den Landedelmann Hilprand Taufkircher gelegt, der erstmals 1330 in den Dokumenten Erwähnung findet. Die im Eingangsbereich der Kirche St. Johannes der Täufer angebrachte Grabplatte kündet von seiner stolzen Existenz.

Der Heimatforscher Dietrich Grund hat in seiner dreijährigen Archivarbeit die Geschichte eben dieser Adelsfamilie recherchiert. Nach seinem erfolgreichen Werk über den Hachinger Bach stellt er nunmehr die Geschichte der Taufkircher gemeinsam mit seinem Layouter, Andreas Huber, der Öffentlichkeit vor. Damit ergänzt Dietrich Grund die Seiten der Geschichtsbücher über Taufkirchen um einen wichtigen Mosaikstein.

Für alle Heimatfreunde und an der Historie unserer schönen Gemeinde interessierten Bürgerinnen und Bürger ist diese geschichtliche Dokumentation ein aufschlussreiches Nachschlagewerk.

Taufkirchen, im September 2015

Ulrich Sander
Erster Bürgermeister von Taufkirchen

Grußwort von Prof. Dr. Hermann Rumschöttel

Der Raum um München ist nicht nur reich an Geschichte, sondern auch reich an Menschen, die sich für diese Geschichte interessieren, sie erforschen, darstellen und vermitteln, so dass die Vergangenheit ihre unverzichtbare Bedeutung für Gegenwart und Zukunft entfalten kann. Einer von ihnen ist der 1942 geborene Diplom-Ingenieur Dietrich Grund aus Taufkirchen. Seit langem beschäftigt er sich intensiv, kenntnisreich, hartnäckig und kritisch mit Fragen der Orts-, Heimat- und Regionalgeschichte quer durch die Jahrhunderte, vom Frühen Mittelalter bis zur Zeitgeschichte. Seine Beiträge bereichern nicht nur die Erinnerungs- und Geschichtskultur im Landkreis München, sondern werden auch von der manchmal ein wenig im Elfenbeinturm sitzenden Fachwissenschaft ernst genommen. Gerne gebe ich deshalb seiner neuen Veröffentlichung über „Hilprant und die Familie der Taufkircher" einige Worte mit auf einen hoffentlich erfolgreichen, also viele interessierte Leser findenden Weg.

Jemand, der historisch arbeitet, also jemand, der Geschichte erzählt oder analysiert, muss den überlieferten Spuren der Vergangenheit nachgehen, die man in öffentlichen, kirchlichen und privaten Archiven findet, auch in den persönlichen Erinnerungssammlungen von einzelnen Menschen oder Familien, in der Landschaft oder in der gebauten Umgebung, manchmal in den Erzählungen von Zeitzeugen und vor allem in der auf vielen Gebieten fast unüberschaubaren gedruckten oder digital verbreiteten Literatur. Nicht nur heute ist das Leben vielfältig und kompliziert, auch in der Vergangenheit war das Gesamtbild einer Gemeinschaft so facettenreich, dass es wirklich schwer ist, das Ganze historisch in den Blick zu bekommen.

Da mögen die Archive und Bibliotheken noch so offen, die Urkunden, Karten und Bilder noch so leicht zugänglich, die Archivare und Bibliothekare noch so hilfsbereit und freundlich sein, die geschichtlichen Quellen befinden sich gleichsam in einer Festung, die von einem breiten Wassergraben umgeben ist. Will man zu den Quellen vordringen, muss man diesen Graben erst einmal überwinden.

Die Brücke, mit der das gelingt, besteht aus einer Vielzahl von Kenntnissen und Fähigkeiten, die einem nicht in die Wiege gelegt werden: man muss die alten Schriften, die alte Sprache lesen und verstehen können, man muss konkrete Vorstellungen haben von früheren politischen, gesellschaftlichen, wirtschaftlichen oder kirchlichen Verhältnissen, man muss die Epochen der Vergangenheit aus sich heraus deuten können und man muss damit leben können, dass man beim Malen eines geschichtlichen Bildes nie fertig wird, weil das eine unendliche Aufgabe ist.

Vieles davon kann man durch ein Studium, eine entsprechende Ausbildung erwerben, wenn man diese Dinge zum Beruf macht. Heimatforscher aber, die - aus ganz anderen Berufsfeldern kommend - sich der Geschichte aus Interesse und als Laien nähern, müssen fast einen zweiten Beruf erlernen, wollen sie zu soliden Erkenntnissen und Forschungsergebnissen kommen. Dietrich Grund ist diesen mühsamen Weg mit großem Erfolg gegangen - die vorliegende solide, schöne und die Forschung weiterführende Publikation ist dafür ein überzeugender Beweis. Ich gratuliere und zitiere - etwas gelehrt - Cicero: „Nullum officium referenda gratia magis necessarium est" - „Keine Pflicht ist unausweichlicher und notwendiger als die, Dank abzustatten." Dietrich Grund: Herzlichen Dank.

Neubiberg, im September 2015

Prof. Dr. Hermann Rumschöttel
Generaldirektor der Staatlichen Archive Bayerns 1997-2008

Inhalt

Einleitung 11

Vorgeschichte 12

Rechtspflege 16

Die Generationenfolge

    Erste Namen 23

    Hilprant I und seine Verwandten 26

    Die Kinder des Hilprant I 33

    Die Kinder des Hilprant II 37

    Die Kinder des Heinrich Otto II 39

    Die Kinder des Georg I 42

    Die Kinder des Hans II 43

    Die Kinder des Hans Heinrich I 44

    Die Kinder des Georg Taufkircher zu Taufkirchen und Höhenrain 52

    Die Kinder des Hans Heinrich II 60

    Die letzten Taufkircher 63

Resümee 64

Danksagung 64

Literatur 65

Bildnachweis 67

Anhang

    Anhang 1: Urfehde des Hilprant Taufkircher 68

    Anhang 2: Familienstammbaum 70

    Anhang 3: Ehehafft in der Hofmark Söllhuben 1558 72

    Anhang 4: Das Wappenbuch der Taufkircher; Die Texte 76

    Anhang 5: Der Topos des Kriegers 90

    Anhang 6: Siegel 91

    Anhang 7: Verhandlung vor dem Pfleggericht in Miesbach im Jahr 1630 92

    Anhang 8: Riedlers Seelhaus 93

    Anhang 9: Die „Burg" der Taufkircher 94

Einleitung

Die Einwohner von Taufkirchen kennen „ihre Hilprand".[1] Er ist in Ritterrüstung dargestellt auf einer Grabplatte im Eingangsbereich der Kirche St. Johannes der Täufer und er hat dem Kulturzentrum „Ritter-Hilprand-Hof" den Namen gegeben. Aber was weiß man von „Hilprant dem Taufkircher", von seinen Ahnen und Nachkommen?

Abb.: Hilprant noch an der Außenwand der Kirche   Abb.: Grabmalzeichnung, um 90° gedreht

Unverzichtbare Basis der hiesigen Heimatforschung ist das 1979 erschienene Hachinger Heimatbuch[2]. Der langjährige Oberhachinger Pfarrer Karl Hobmair hat in seiner Freizeit 30 Jahre lang das Material zu dem fast 1.000-seitigen Werk zusammengetragen. Dabei konnte er in gewissem Umfang auf Vorarbeiten seines Kollegen Johann Wenk aus Hohenbrunn zurückgreifen, der viele einschlägige Dokumente in den Archiven gesichtet und abgeschrieben hatte. Hobmair erwähnt in seinem Buch etliche Mitglieder aus Hilprants Familie, ohne aber ihre Verwandtschaftsgrade darzustellen. Von dieser Adelsfamilie hat nur ein einziges Originaldokument die Zeiten überdauert: das Stamm- oder Wappenbuch, das im Bayerischen Hauptstaatsarchiv in München (HStA) aufbewahrt wird. Von der Fachwelt

---

1 Es gibt auch die Schreibweisen: Hilprand, Hylprant, Hildbrand usw. Bitte beachten: Auch viele andere Namen variieren in der vormodernen Schreibung.

2 Karl Hobmair, Hachinger Heimatbuch (später: HH), Selbstverlag Katholisches Pfarramt Oberhaching, 1979

bisher unbeachtet führt es dort ein Schattendasein. Es handelt sich um ein handgeschriebenes und -gezeichnetes Buch, das zwischen 1593 und 1600 entstanden ist. Das Wappenbuch wurde von dem Aiblinger Maler Steffan Ebersberger gestaltet - von dem sonst nichts bekannt ist. Das Buch enthält neben Darstellungen der Familiengeschichte, des Familienbesitzes und der Wappen der Taufkircher und ihrer Ehefrauen einen schönen aber lückenhaften Stammbaum.

Es mussten weitere Quellen erschlossen werden. In erster Linie ist hier die „Bayrischen Adls Beschreibung" des Freisinger Hofkammerdirektors Johann von Prey von 1741 zu nennen. Aus der handgeschriebenen Adelsgeschichte, dem Familienstammbuch und einigen Einzeldokumenten verschiedener Archivbestände ließ sich dann ein Stammbaum über 11 Generationen entwickeln. Grundlegend sind hierbei die Angaben zu den Hochzeiten des jeweiligen Familienoberhauptes und seiner Ehefrau und die Liste der Kinder. Dazu gesellen sich im Wesentlichen nur noch Angaben zu den Sterbe-, den Geburtsjahren und zu ausgeübten Ämtern oder Berufen.

Vorgeschichte

In Unterhaching fand ein Landwirt ein Kupferbeil, dass offenbar ein streifender Jäger etwa 3.500 Jahre vor unserer Zeitrechnung hier verloren hat. In Taufkirchen siedelte etwa 2.400 v. Chr. ein erster Jäger mit seiner Familie.

Im Hachinger Tal entdeckte man die Siedlungsspuren der Bronze- und der Urnenfelderzeit (2.200-1.000 v. Chr.). Die vielen „Keltenschanzen", Reste von Weilern und von einem Fürstensitz der Kelten (Oberhaching) geben Zeugnis von bedeutender Siedlungs- und Rodungstätigkeit (800-15 v. Chr.).

Kurz vor Christi Geburt eroberten die Römer das Voralpengebiet. Vom späteren Augsburg ausgehend, bauten sie zur Verbindung ihrer weit auseinander liegenden Herrschaftsgebiete drei ostgerichtete Staatsstraßen, die bei Grünwald, Oberföhring und Freising die Isar kreuzten. Wie ihre Vorgänger sahen auch die Römer das Hachinger Tal als vorteilhaften Lebensraum an. Sie legten Bauernhöfe (Villae rusticae) und Siedlungen an, die sich hier wie die Perlen an einer Kette reihen.[3] Diese verbanden sie mit (unbefestigten, daher archäologisch nicht nachweisbaren) Wegen wohl beidseits des Baches und mit den Staatsstraßen. Teilweise benutzten sie dabei Trassen der Vorgängerkulturen.

Vor Jahren haben Archäologen in Perlach Bruchstücke von römischen Mühlsteinen und Gebäuderesten einer Mühle gefunden. Sie stammen aus dem dritten christlichen Jahrhundert. Auch die Germanen hatten schon Mühlen; ihr Volksrecht bestimmte, dass

---

3 Brigitte Haas-Gebhard im Katalog s. u.

derjenige, der Mühlen zerstört, als „Fridbrech" gilt und mit dem Tod bestraft wird.
Nach dem Abzug der Römer herrschte für knapp 50 Jahre (etwa 489-536) eine ostgotische Fürstenfamilie im Tal und darüber hinaus - vielleicht direkt beauftragt von dem berühmten Gotenkönig Theoderich. Ihre außerordentlich reich ausgestatteten Gräber wurden in Unterhaching gefunden[4]. Die „spektakulären Funde" (Haas-Gebhard), u. A. Schmuckstücke und Instrumente aus Gold, einzigartige Gewandfibeln unter Verwendung von Granat aus Indien, Reste von chinesischer Seide wurden 2010 in einer Ausstellung und einem prachtvollen Katalog präsentiert. Auf den großen Fibeln sind kreuzweise vier Adler dargestellt, die Christus und die Auferstehung symbolisieren. Wir haben es hier also mit den ersten Nachweisen des Christentums im Hachinger Tal zu tun.

Abb.: Ostgotische Fibel aus Unterhaching

536 übergaben die Goten das ehemals römische Rätien — aufgrund schwindender Macht — kampflos an die Frankenkönige. Diese hatten auch bereits den Christusglauben angenommen: 496 wurde König Chlodwig in Reims getauft. Die Könige setzten Herzöge als Militärbefehlshaber ein. Romanen und „zuagroaste" Germanen verschmolzen nun zu den Bajuwaren.
Fünf, mit Beigaben versehene Reihengräber aus den Jahren 650-700, die in Potzham gefunden wurden, gelten als zweitälteste christliche Relikte. Die älteste Kirche wurde vor 750 in Oberhaching errichtet, vielleicht zusammen mit einem Baptisterium in Taufkirchen. Hier hatte der Bach ein genügendes Wasserdargebot, um die Ganzkör-

---

4 Archäologische Staatssammlung, Katalog der Ausstellung Karfunkelstein und Seide, München 2010

pertaufe zu erlauben.

Die Georgskirche neben dem Bach in Unterbiberg ist vielleicht ähnlich alt. Es wird spekuliert, dass sie in der Zeit der fränkischen Karolinger als „königliche Eigenkirche"[5] errichtet und (wohl mit der ganzen Ortschaft) an das Kloster Tegernsee geschenkt wurde. In Perlach gab es laut dem Heimatbuch um 860 ein Gotteshaus[6]. Der erste Hinweis für eine Kirche in Unterhaching stammt aus der Zeit um 1085[7]. Taufkirchen hatte spätestens 1052 ein Gotteshaus.[8] Das Christentum bestimmt also seit 1.500 Jahren die Glaubenswelt der Menschen im Hachinger Tal.

Die von den Römern übernommene Landwirtschaft im Tal wurde von den Nachfolgern zielstrebig entwickelt. Es heißt: „Ein vielleicht alemannischer Hacho hat diesem Siedlungsraum und damit indirekt seiner Lebensader, dem Hachinger Bach, den bleibenden Namen gegeben"(Diepolder). Ob Hacho aus der Sippe der Hachilinga stammt, die im frühen Gesetzbuch der Bajuwaren dokumentiert ist, bleibt weiter rätselhaft.

806 konnte Petto, der wohlhabende, vielleicht mit den Agilolfingern verwandte, zweite Abt des Klosters Schäftlarn, mehrere Höfe in „Haching" (darunter wohl das Gut Pötting) an sein Kloster schenken, wobei man viele Jahrhunderte lang in den Dokumenten das Bachtal von Ober- bis Unterhaching summarisch mit diesem Namen bezeichnete.

Im Raum von München wird 903 im Umfeld des Königshofes in Oberföhring an der Isar erstmals ein Müller und damit indirekt eine Mühle erwähnt.[9]

1003 hielt Graf Friedrich in Haching Gericht. Er war der Stammvater der Adelsfamilie, die später in Thanning ihre Schanne abhielt, dann von Wolfratshausen aus ihre Grafschaft regierte. Die Grafen von Wolfratshausen erwarben 1121 die wichtige Vogtei über das Kloster Tegernsee. 1157 starb jedoch dieser Familienzweig ab. Die Grafschaft Wolfratshausen wurde nun von den Verwandten in der westlich anschließenden Grafschaft Andechs mitregiert.

Ab 1280 brachten die Wittelsbacher die beiden Grafschaften in ihre Gewalt und fügen sie in das Herzogtum ein. Im 14. Jahrhundert erhalten sie als Lehen des Klosters Tegernsee den Grünwalder Forst einschließlich des Hachinger Baches.[10] Sie setzen einen Jägermeister ein, der auch das „Blutgericht" ausübte.

Das Kloster Tegernsee erwarb früh Besitz im Tal, Unterbiberg gehörte ihm ganz. 1030 und nochmals 1060 beklagte das Kloster, dass das Geschlecht der Welfen ihm Besitz in Haching und den „Heimkart" „entfremdet" habe. Die Mönche beklagen dabei einerseits den Verlust des Heimgartenfeldes im heutigen Taufkirchen.

---

5   Hermann Rumschöttel (Hg.) Neubiberg – Unterbiberg, Neubiberg 2010, S. 85
6   Georg Mooseder, Adolf Hackenberg,1200 Jahre Perlach, Festring Perlach e. V. 1990, S. 131
7   Rudolf Felzmann, Unterhaching, Ein Heimatbuch, 1988, S. 121 u. 148
8   Gertrud Diepolder, Das Hachinger Tal – Fiskus Haching, in Bay. Vorgeschichtsblätter, C. H. Beck, München 2010
9   Gertrud Diepolder, Aschheim im frühen Mittelalter, Teil 2, in Mü. Beiträge zur Vor- und Frühgeschichte, 32, 1987
10 HStA, Klosterurkunde Tegernsee KU 33

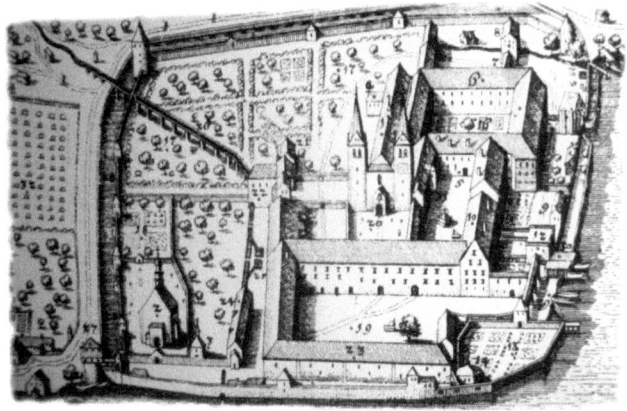
Abb.: Matthäus Merian (1593 – 1650), Kloster Tegernsee 1644

Diepolder erinnert hier an das Hoagartenhalten, den Hoagascht, und erläutert, dass man bei Schmeller „die alte Bedeutung forum, compitum [Wegekreuzung], Versammlungsort" findet. Sie resümiert, dass der Heimgarten ein Dingplatz, eine Tingstätte gewesen sei.

Was andererseits Haching betrifft, vermute ich, dass hier Taufkirchen mit Westerham gemeint ist. Diese bildeten damals wohl einen einzigen, sehr großen Herrenhof.

Der Freisinger Bischof Nithker (1039-52) hatte offenbar daraus einen bedeutenden Besitzkomplex in Taufkirchen (angeblich aus Fiskalgut, also Königsgut, Einzelheiten sind unklar) erworben.

Kaiser Heinrich III bestätigt im Todesjahr des Bischofs, dass die Bachmühle, zwei weitere Höfe dazu die Ortskirche St. Johannes an das Klerikerstift St. Veit im Bereich seiner Residenz Freising vergeben worden waren. 1070-1077 regierte Welf I das bayerische Herzogtum. Als er nach 7 Jahren bereits abtreten musste, verlor er wohl auch seine Besitzungen im Hachinger Tal.[11] Näheres ist nicht bekannt.

Aus dem Abgabenbuch der Domkirche in Freising aus dem Jahr 1180 geht hervor, dass der Bischof die Pfarrei St. Johannes jetzt in der Hand und wohl mit Ober- und Unterhaching zu einem Art Pfarrverband unter Leitung eines adeligen Pfarrherrn in Oberhaching zusammengefasst hat. 1315 ist sie zu einer Großpfarrei mit zahlreichen Filialen angewachsen, die jetzt von dem Stift St. Andreas am Freisinger Domberg aus „regiert" wird.

---

11 Zu hiesigen Vasallen der Welfen s. Günther Flohrschütz, Die Dienstmannen des Klosters Tegernsee, Obb. Archiv, Bd. 11, S. 151: „Ein Teil der [in den „Klostertraditionen"] nach Haching genannten Edlen und Freien dürfte ... zu den Vasallen des Welfen gehören, so sicher Sigbold jun. (1048/68). Vielleicht auch Gozwin, Hubert und Wolfold."

Abb.: Ausschnitt aus Philipp Apians Landtafeln von 1558: Burg und Gotteshaus in Taufkirchen

Rechtspflege

Gericht über Menschen zu halten war im Mittelalter das stärkste Machtmittel der Herrschenden. Da das Richteramt auszuüben auch für das Adelsgeschlecht der Taufkircher eine große Rolle spielte, sollen die wesentlichen Dinge hierzu erläutert werden.

Die Germanen tradierten ihre Rechtsgrundsätze mündlich. Für Bayern erfolgte die erste schriftliche Rechtssetzung in der Lex Baiuvariorum, deren Endfassung etwa im Jahr 744 vollendet war. In seiner „Kriminalgeschichte Bayerns" schreibt Reinhard Heydenreuter[12]: „Der Großteil der Bestimmungen [der Lex] besteht aus Bußgeldkatalogen, in denen der Straftarif bei Delikten und Beschädigungen festgelegt ist. Dabei ging es darum, die verheerenden Fehden und Rachefeldzüge der Sippen zu beenden und die Blutrache durch entsprechende Sühneverträge mit Bußzahlungen zu ersetzen."

Im 13. Jahrhundert wurde die Eindämmung von Fehde und Blutrache als drängendes Problem erkannt. Es entwickelte sich eine regelrechte Rechtsfriedensbewegung. Man versuchte allenthalben mit neuen schriftlichen Rechtssetzungen, sogenannte „Landfrieden" gegenzusteuern. Nach Heidenreuter war ihr „wichtigster Inhalt ... der Schutz wehrloser Untertanen, vor allem von Bauern, Pilgern, Frauen und Kindern, dann der Schutz privilegierter Gebäude (Kirchen) und die Schonung gewisser Gegenstände und Anlagen, die für die Versorgung der Bevölkerung wichtig waren (Mühlen, Pflüge)."

Neben den sozialen Funktionen entwickelte sich die Gerichtsbarkeit zu einem tragenden Pfeiler der Landeshoheit. Gerichtsherrschaft bedeutete Herrschaft. Die jeweiligen Landesherren behielten sich die Verurteilung der Delikte vor, „die zu dem Tode ziehen", also die Blutgerichtsbarkeit. Dazu gehörten zunächst nur Totschlag, Raub und Notzucht, später kamen etwa 20 weitere Verbrechen dazu.

Beispielsweise strebte das Kloster Tegernsee dieses Zeichen quasi-staatlicher Souveränität an, allerdings erfolglos (anders als das Kloster Ettal, das Ausnahme blieb). „Das

---
12 Reinhard Heydenreuter, Kriminalgeschichte Bayerns, Pustet Verlag, Regensburg, 2008

galt [nach Heydenreuter] auch für die Stadt München, die zwar immer die Blutgerichtsbarkeit beanspruchte, aber nie wirklich ausübte." Sie musste bei Todesurteilen jeweils die herzogliche Zustimmung einholen. (Andererseits erhielt München das Recht, im ganzen Herzogtum „landschädliche Leute" zu fangen und zu verurteilen.) Reichsunmittelbare Städte wie Nürnberg, Dinkelsbühl und Rothenburg erlangten dagegen auch die hohe Gerichtsbarkeit.

Seit 1346 darf ein Richter nur noch nach dem >Buch< urteilen: nach dem „Landrecht" von Kaiser Ludwig dem Bayern mit seinen 350 Artikeln. Zur Aburteilung der einfachen Vergehen erhielten geistliche und weltliche Herren, die dem Herzog eine Steuer bewilligten, die niedere Gerichtsbarkeit. 200 Jahre später trotzte der Adel dem Herzog die „Edelmannsfreiheit" ab, die besagte, dass die Herren auch in ihren Höfen in fremden Dörfern (Streubesitz) zu richten hatten. Geistliche unterstanden der Gerichtsbarkeit ihrer Bischöfe. Es lässt sich denken, dass dieser Flickenteppich an Zuständigkeiten zu viel Streit Anlass bot. So stritt im Jahr 1731 der von den Jesuiten in der Hofmark Taufkirchen eingesetzte Richter lange mit dem Hofkastenamt (Finanzbehörde) in München um die Zuständigkeit für vier Potzhamer.

Recht wurde „auf der Schranne[13]" gesprochen. Jeder Gerichtsherr gestaltete die Einzelheiten des Verfahrens z. B. ob und wie viele Schöffen bestellt wurden, nach seinem „Gusto". Das Verfahren im Bistum Würzburg wird so beschrieben: „Der Richter mit Stab in der Hand und 12 Schöffen sitzen auf der Schranne. Das Gericht ist mit Schranken und Planken umhegt. An der Tür steht der Gerichtsknecht und verliest die Anklage. Der Ankläger, der ebenfalls außerhalb der Schranken steht, zieht seine Kappe vor dem Richter und bittet um einen >Fürsprech< aus der Reihe der Geschworenen. Draußen stehen als Zuhörer die Leute der „Landschaft" (Versammlung des Adels und der Geistlichkeit), bewaffnet zum Schutz des Gerichts.

---

13 Schranne erscheint in den Bedeutungen: Gericht, Gerichtsbezirk, (Getreide-)Markt, Lagerraum

Abb.: Das Schrannengericht

„Die Beweisstücke liegen vor dem Richter auf dem Erdboden." Vermutlich hatte der Angeklagte und sein „Fürsprech" auf der Schranne gegenüber dem mit herrscherlicher Autorität ausgestatteten Richter wenig Handlungsspielraum.

Ludwig Holzfurtner schreibt: „Taufkirchen war ... im 14. Jahrhundert noch landgerichtisch; 1368 ist ... eine Schranne des Landgerichts [Wolfratshausen] dort nachgewiesen, aller Wahrscheinlichkeit nach eine frühere Tegernseer Vogtschranne."[14]

Es ging damals um folgenden Fall: „Hainrich Newfarer, Richter zu Wolfratshausen, stellt einen Gerichtsbrief (Urteilsbeschluss) aus über eine Streitsache an der Schranne zu Taefkirchen: Hanns der Höchenkircher klagt auf einen Hof zu Alswanch und aller Habe von Nychla dem Naenhauser und seiner Hausfrau Margret wegen 8 Pfund regensburger Pfennige, die ihm Nychla zu Landshut um ein Pferd versetzt habe ... Hof und Habe [wurde] pfandweise dem Kläger zugesprochen." Rechtsbeisitzer ist u. a. Hylprant Taefkircher.[15] 1377 heißt es, dass der junge Hans Otto Taufkircher an der Schranne zu Taufkirchen dem Richter aus Wolfratshausen assistiert (s.u.).

Das Landgericht Wolfratshausen gliederte sich in 4 Schärgenämter von denen man eines in Perlach einrichtete (hier ist bereits 1367/68 mit Ulrich Steinhauff der erste Vorsitzende, der erste Amtmann, namentlich überliefert).

---

14 Ludwig Holzfurtner in Historischer Atlas von Bayern, Das Landgericht Wolfratshausen.

15 HStA, Kloster-Urkunden Tegernsee KU 170

1442 wurde auf Befehl des Herzogs eine Liste der „niederen Gerichte" erstellt. Daraus geht hervor, dass im „Perlacher Ambt" 7 Dorfgerichte existieren u. A. in Grünwald und in Taufkirchen[16] (mit dem Strafrahmen von 72 Pfg.[17]). Es wird erläutert: „Die Taufkircher haben ain Dorfgericht ... darin lassen sie den Ambtmann nichtz handeln ausgenommen die drey sach die an den Laib gen" d. h. die drei Sachen, die mit dem Tod bestraft werden, also Mord, Straßenraub und Vergewaltigung.[18]

Offenbar ist die Schranne des Landgerichts (schrittweise) nach Perlach verlegt worden und Taufkirchen (wohl mit Westerham) verfügte danach über ein Dorfgericht. Erst 1544 (s. u.) erfolgte dann der Ausbau des Dorfgerichts zur Hofmark mit den erweiterten Rechten und Plichten (z. B. Ausheben von Soldaten).

Gertrud Diepolder schreibt: „Aus Dorfgerichten sind oft Hofmarken geworden. Dass das hier der Fall war und dass dieses adelige Niedergericht ... herkam von der Lehenherrschaft der Welfen über die entfremdeten Güter Haching und Heimkart, dafür spricht, dass zum Sedelhof der Taufkircher das halbe Heimgartfeld gehörte ... sowie nördlich davon der sehr große „Hofanger" und „alle Vischerei am Hachinger Bach".

Auch die Hofmark hatte die Rechte des Niedergerichts (mit höherem Strafrahmen). Das Blutgericht (Todesstrafen) behielt der Herzog in der Hand.

Aus Perlach wird dieser Rechtsfall berichtet: Jacob Pauer hat Maria Lechnerin „in Unehren eines Kindls geschwengert." Dafür wurde das Paar empfindlich bestraft. Jacob kam für 28 Tage in Fußschellen in Arrest und wurde danach aus dem Gerichtsbezirk verwiesen. Maria musste 4 Pfund Geldstrafe bezahlen und 16 Tage die Schandgeige tragen.

Ein anderer Fall lautet: „Ulrich Spiegel, Landrichter von Wolfratshausen, beurkundet an offener Schranne zu Perlach die Klage des Jörg Lechenmair von Kirchstockach, Hintersasse des Jörg Taufkicher, Richter zu Tegernsee, Haincz Mair habe ihm 2 Hochäcker und 1 Michelfleck (michel = groß, viel) Wiesmahd ainer Sunderleng[19] abgemäht und fortgeführt ... Wiederholt geladen erschien er mit dem Vorsprech. [Es] erging das Urteil (welches?) gegen Haincz Mair am Montag vor aller Heiligen Tag 1460."[20]

Kaiser Ludwig der Bayer hatte 1346 im „Oberbayrischen Landrecht" in 350 Artikeln das geltende Recht zusammengefasst. Das damals herausgegebene Buch wurde für viele Jahrhunderte die Urteilsbasis der Richter. Und der Richterstab sein Zeichen. So heißt es 1481 in einen „Spruchbrief": „Gilg Gebeck derzeit Landrichter zu Wolfratshausen bekenne von Gerichts wegen offentlich mit dem Brief, dass ich anheuer zu Perlach auf der Landschrannen gesessen bin und den Stab in der Hand hätt, zu ächten ... hab ich

---

16 HStA, Kurbayern 1029

17 Maria Rita Sagstetter, Hoch- und Niedergerichtsbarkeit im spätmittelalterlichen Herzogtum Bayern, C. H. Beck, München 2000, S. 196

18 HStA, Kurbayern Geh. Landesarchiv 1029.

19 Längliches Grundstück mit Süd-Nordausrichtung

20 HStA, Kloster-Urkunden Tegernsee KU 970

anheut eingeantwurt nach Puechsatz als Recht ist."[21]

Etwa zum Beginn der „Neuzeit" um 1500 kam es zu einer bemerkenswerten Veränderung: die Obrigkeit begnügte sich jetzt nicht mehr, die herkömmlichen Straftaten wie Diebstahl, Raub, Betrug und Mord zu verfolgen. Vielmehr wurden neue Tatbestände wie Ehebruch, Liebesakte Unverheirateter, Gotteslästerung, Zauberei, Trunksucht zu „Leitdelikten" des neuzeitlichen Staates. Der Historiker und Jurist Reinhard Heydenreuter hat herausgearbeitet, dass der moderne Staat sich (bis heute nachweisbar) wesentlich aus dem „Geist des Strafens" entwickelte und „ein Regime der Freudlosigkeit" etablierte.

Ein Beispiel hierfür sind „die Gebote, die Herr Wilhelm von Freyberg erlassen hat" (s. Anhang 3). Sie galten ab 1558 in der Hofmark Söllhuben im Chiemgau. Dort regierten die Herren von Hohenaschau. Sie verteidigten in ihrer Herrschaft Aschau die Blutgerichtsbarkeit, während sie in Söllhuben nur die niedere Gerichtsbarkeit inne hatten.

Sie fußten wohl auf der von Herzog Albrecht V erlassenen „Bairischen Lanndtsordnung von 1553". In 52 Punkten ist in den „Ehehafft"- Bestimmungen das Wohlverhalten der Untertanen festgelegt. Hausväter und -mütter sollen Kinder und Gesinde zur Vermeidung von Strafe zu göttlicher Andacht und zum Lernen der Gebote anhalten. Gotteslästerung wird rigoros, nämlich mit Todesstrafe und Besitzverlust, geahndet! Es gibt zahlreiche Bestimmungen, die dem Schutz der heimischen Wirtschaft dienen wie Wucherverbot, Waldpflegegebot, Ausfuhrverbote für Holz und Stoffe, Marktpflicht für Viehhandel usw. Aber es gibt daneben zahlreiche Regelungen, die die Untertanen disziplinieren sollen wie Verbot von privatem Glücksspiel, Tanzen nach 15 Uhr, Zechen nach 20 Uhr, Treffen in Bad- und Spinnstuben, Heiraten unter 25 Jahren, üppige Hochzeiten, Sex von Unverheirateten usw. Im HH sind folgende Gerichtsfälle aus Taufkirchen überliefert:

o Georg Frimmer und Barbara Gerbl werden wegen „Leichtfertigkeit", also wegen der Zeugung eines Kindes, verurteilt. Die Barbara erhält dafür vom Hofmarksrichter einen Verweis, der rückfällige Frimmer muss 10 Pfund Pfennige [22] zahlen.

o Lorenz und Hans Wagner und Leonhard Zellermair haben bezecht auf dem Heimweg in Taufkirchen gerauft. Sie werden zu einer Strafe von 1 Gulden, 5 Schillingen bestraft (1604).

o Caspar Öttl wurde bei der ersten „Leichtfertigkeit" aus der Hofmark ausgewiesen. Er kam zurück und wurde „rückfällig". Nun musste er 3 Tage „bei geringer Atzung" im Amtshaus büßen. Dann wird er begnadigt und darf die Magdalena Kerndl aus Potzham heiraten (1702).

---

21 HH, S. 389

22 Zur Umrechnung von 1 Pfund Pfennigen bzw 1 Gulden (fl) zum Euro wird das Verhältnis 1: 200 vorgeschlagen. Dies ist nicht als exaktes Maß zu verstehen- das es nicht gibt- sondern lediglich als Anschauungskrücke.

o Johann Huber aus Potzham muss wegen Gotteslästerung 1 Stunde an der Schandsäule stehen, die es in jeder Hofmark gibt (1691).

Das Heimatbuch erwähnt auch einige Fälle, die vor dem Kirchengericht in Freising verhandelt wurden. Hintergrund eines Falles ist der Umstand, dass bis ins 16. Jahrhundert das Konkubinat bei Dorfpfarrern eher die Regel als die Ausnahme war. Im Zuge der katholischen Gegenreformation wurde den Pfarrern aber per Polizeiverordnung von 1553 das Zusammenleben mit einer Frau verboten, zunächst aber noch stillschweigend geduldet. Fast 30 Jahre später gab der Hofrat die Anweisung, die Pfarrer beim bischöflichen Gericht zur Anzeige zu bringen.

Daher wurden Pfarrer Nicolaus Zellermayr und seine Köchin angezeigt, die miteinander sechs Kinder hatten. Der Pfarrherr erhielt eine Geldstrafe, die Mutter seiner Kinder aber kam erst ins Gefängnis und wurde anschließend aus dem Gerichtsbezirk ausgewiesen. Zum Glück konnte sie bei einem Sohn Unterschlupf finden: von 4 Söhnen des Paares waren drei Pfarrer geworden.

Später traf es ein Mitglied „unserer" Adelsfamilie: Maria von Taufkirchen musste 1616 ins Gefängnis wegen einem „ledigen Kind". Ihre Strafe bei der Entlassung: Man verbot ihr die „öffentlichen ehrlichen Zusammenkünfte (und) allen weiblichen adeligen Schmuck" (s.u.).

Der Historiker Stefan Breit hat die Gerichtsrechnungen einiger Jahre zwischen 1629 und 1760 aus Perlach tabellarisch erfasst.[23] Man kann daraus folgende Zahlen errechnen: 49 Prozent der Gerichtseinnahmen entstanden aus Raufereien und Beleidigungen („Wändel"), 22 Prozent aus Strafen wegen Ungehorsam (gegen die Obereigentümer?), 19 Prozent wegen außerehelichen Schwangerschaften („Leichtfertigkeiten"), 10 Prozent wegen Verstößen gegen die Polizeiordnung.

Das Landgericht in Perlach ist für Blutgerichtsfälle auch in Taufkirchen zuständig gewesen. Anscheinend waren diese Verbrechen im ländlichen Raum aber selten. Stefan Breit hat in den Quellen überhaupt nur einen einzigen „Malefizfall" gefunden: Franz Schwaiger wurde „wegen eines im Wildbrettschießens geladenen Verdachts zur Verhaft genommen ... nebst denen gefundenen verdächtigen Sachen den 11. 10. 1729, hierher [nach Wolfratshausen] in die Fronfeste überliefert ... gütlich jedoch sonders ernstlich examiniert und hierauf, weillen er zu keinem Bekenntnis zu überreden war, ordentlich confrontiert, nitweniger gar ad locum Torturae geführt und wiederholt ernstlich besprochen..." d. h. gefoltert! Man berichtete nach München und bekam vom churfürstlichen, hochlöblichen Hofrat die Order den Schwaiger „auf 4 Wochen in die Schanzarbeit nach Ingolstadt [zu] überliefern". Die Praxis der Folter kam übrigens erst im 14. Jahrhundert auf - und durfte in Bayern bis 1806 angewendet werden.

---

23 Stefan Breit in Georg Mooseder, Adolf Hackenberg,1200 Jahre Perlach, München 1990, S. 231

Abb.: Der Sünder vor dem Richter in der Folterkammer

Die Generationenfolge

Erste Namen

Möglicherweise stammen die Taufkircher aus der sacra familia, der Gefolgschaft des Klosters Tegernsee. Das Hachinger Tal war für das Kloster so wichtig, dass sich 1091 der gesamte Konvent hier zu einem Vogtding versammelte. Es heißt auch: „Größter Grundbesitzer in Haching ... war seit agilolfingerischer Zeit [vor 788] das Kloster Tegernsee."[24]

Die Taufkirchner Adeligen werden hierorts üblicherweise als Ritter bezeichnet, wahrscheinlich, weil die in der Dorfkirche angebrachte Grabplatte den 1381 gestorbenen Hilprant in der Rüstung zeigt. Diese Grabsitte ist in Frankreich entstanden. Sie verweist auf das aus der Zeit der Kreuzzüge tradierte Ideal des Ritters als Kämpfer für die Sache Christi. Die Sitte wurde auch von adeligen Herren zivilen Standes praktiziert.[25]

Es gibt in den Dokumenten keinen Hinweis darauf das Hilprant oder seine Nachfolger zum Ritterstand gehört hätten. An Ritterturnieren, die zu Ende des 15. Jahrhunderts unter Beteiligung von hohem und niederem Adel eine letzte nostalgische Renaissance erlebten[26], haben die Taufkircher wohl nicht teilgenommen. Ausnahmsweise taucht aber einer von ihnen in einem Bericht vom Turnier in Würzburg von 1479 auf, das besucht wurde von „Fürst, Graf, Herr, Ritter, Edlmann". Es heißt dort: „Caspar thorer, Jörg Tawfkircher, die hat man der weiber wegen geschlagen (ausgeschlagen, ausgeschlossen), das sie nicht edl sein."[27] Das bedeutet offenbar, man war der Meinung, dass die Frauen des Torer[28] und des Taufkircher aus Familien stammten, die nicht ritterbürdig waren und daher auch die Ehemänner nicht turnierfähig seien.

Im Urbar des Klosters Tegernsee von 1289, das die Höfe des Konventes und ihre jährlichen Abgabepflichten auflistet, heißt es: „mater taufkirchorum tenetur de area XXIIII denarios" also „die Mutter der Taufkircher zahlt für ihren Hof 24 Dinare". Der Hof erscheint in der Liste im Anschluss an die Anwesen in Oberhaching, woraus die Historikerin Gertrud Diepolder schließt, dass die betroffene „area" ebenfalls dort gelegen hat. Da die Dame jedoch „Mutter der Taufkircher" genannt wird, muss diese Familie schon zuvor in Taufkirchen besitzmäßig verankert gewesen sein. Die angesprochene Frau könnte Großmutter des Hilprant gewesen sein. Leider gibt es zu ihr keine Lebensdaten.

Als im Jahr 1998 Taufkirchen sein 850-jähriges Bestehen feierte, ging auch das Bayerische Hauptstaatsarchiv (HStA) in einer Stellungnahme davon aus, das Juditha de

---

24 Gertrud Diepolder, Das Hachinger Tal - Fiskus Haching in Bay. Vorgeschichtsblätter, Jg.75, München 2010, S.184
25 Kurt Bauch, Das mittelalterliche Grabbild, Verlag de Gruyter, Oldenburg 1976
26 Heide Stamm, Das Turnierbuch des Ludwig von Eyb, Akademischer Verlag, Stuttgart 1986
27 Ludwig Albert Freiherr von Gumppenberg, Die Gumppenberger auf turnieren, Würzburg 1862, S. 151
28 Die Torer haben sich vom 13. bis zum 15. Jahrhundert immer wieder an Turnieren beteiligt, s. Heide Stamm, o a O.

Tovkirchen, die zwischen 1148 und 1156 ihre Tochter dem Kloster Weihenstephan anvertraute, die Ahnherrin des hiesigen Adelsgeschlechtes sei. Auch Diepolder sah das 1999 so.[29] Peter Acht hatte aber bereits 1952 zu Bedenken gegeben: „Die Zeugen [der Klosterübergabe] weisen mehr auf Taufkirchen an der Vils ... hin."

Tatsächlich kommen von den in dem Übergabeprotokoll des Neustifts in Freising[30] genannten Zeugen nur zwei aus Putzbrunn und Hohenbrunn, während zahlreiche aus dem Bereich des „anderen Taufkirchen" (Lengdorf, Tegernbach, Pfrombach, Finsing, Dorfen, Oberstrogen, Reichenkirchen) stammen.[31] In anderen Dokumenten des Neustifts treten weitere Taufkircher auf, die sicher auch aus der Umgebung Freisings und nicht aus Haching kamen, nämlich Heinric de Tofchirchen, Uolrich de Taufchirchen und schließlich der Camerarius (Kämmerer) Ulricus de Tauphchirchen. Die hier berichtete Generationenfolge der Taufkircher (Vgl. Stammbaum im Anhang 2, der oben gezeigte Familienstammbaum aus dem Wappenbuch stimmt nur teilweise!) stützt sich im Wesentlichen auf die „Bayrischen Adls Beschreibung"[32] von Johann Michael von Prey. Seine Genealogie basiert auf mehreren Vorgängerarbeiten; hier besonders auf denForschungen des herzoglichen Hofkammerpräsidenten Wigiläus Hundt[33] und des späteren Freisinger Bischofs Johann Franz Eckher von Kapfing.[34]

Abb.: Fürstbischof Eckher von Kapfing

---

29 Gertrud Diepolder, Die Anfänge von Haching (...) in Hermann Rumschöttel (Hg.), Lebendige Heimat Oberhaching, Gemeinde Oberhaching 1999 (im Weiteren: Heimatbuch Oberhaching).

30 Gegründet von Bischof Otto I im Jahr 1141

31 Monumenta Boica (MB), Bd. 9, Teil 4, Freising-Neustift, S. 420

32 Johann Michael von Prey, Bayrischen Adls Beschreibung, Bay. Landesbibli. Online (BLO), Cgm 2290, Band 25

33 Wigiläus Hund, Bayrisch StammenBuch III, Nachdruck Neustadt/ Aich 1999

34 Johann Franz Eckher von Kapfing, Alph. Sammlung zur Genealogie des B. Adels, BLO, Cgm 2268, Band 5

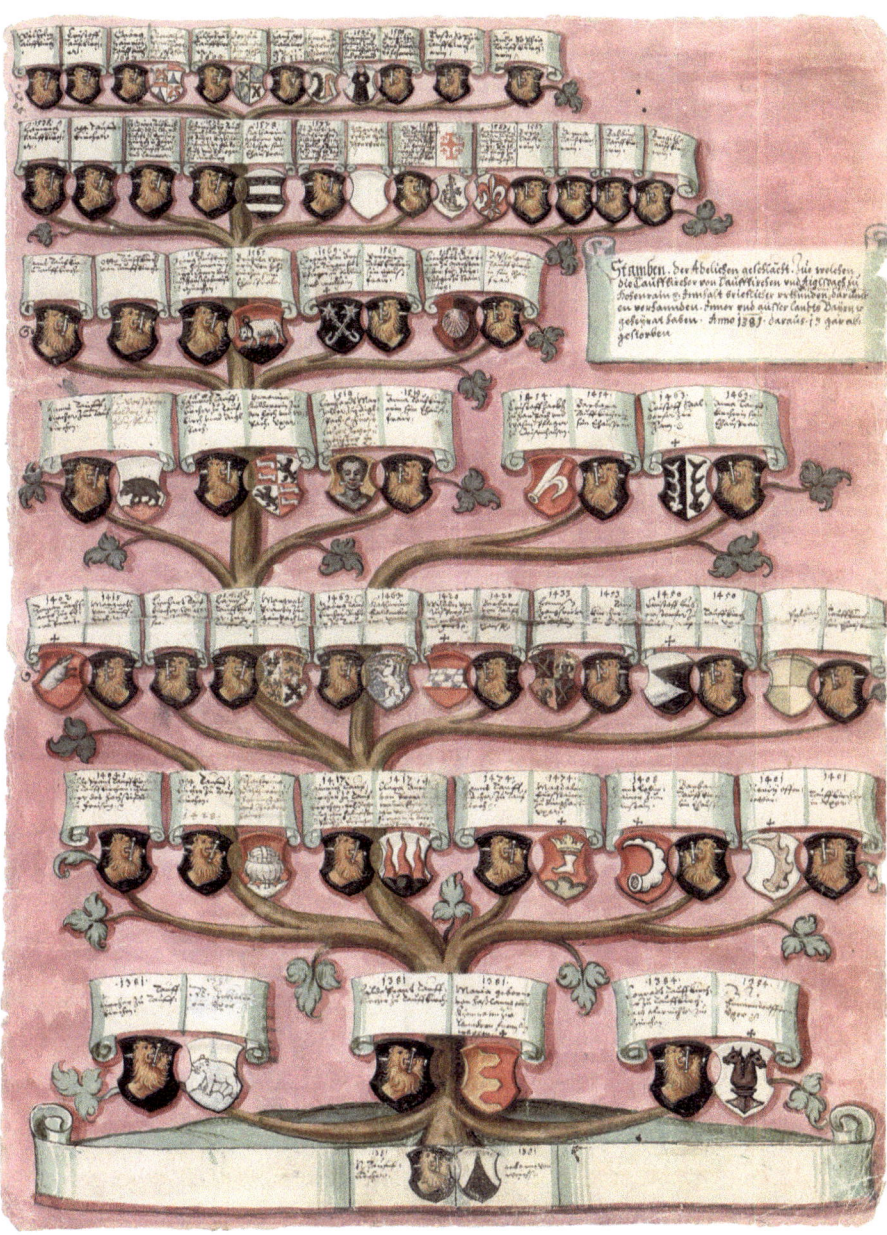

Abb.: Der Familienstammbaum aus dem Wappenbuch

Hilprant I und seine Verwandten

Hilprant ist im Jahr 1381 gestorben und hat 1330 geheiratet. Wenn er bei der Hochzeit etwa 20 Jahre alt war, ist er ungefähr 1310 geboren. Von da an kann man die Familiengeschichte der Taufkircher lückenlos nacherzählt. Hilprants Braut war Mechtild von und zu Weichs. Sie stammte aus einem alten Hochadelsgeschlecht, das in dem Ort Weichs im Dachauer Land seinen Stammsitz hatte und lange das Amt des „Erbkämmerers" beim Bischof in Freising versah. Für 1337 ist überliefert, dass das Taufkirchener Ehepaar einen Hof in Ebrach bei Grafing verkaufte.[35]

Welche Situation bestand, als Hilprant die Herrschaft antrat? Die Struktur im Bereich Taufkirchen mit Westerham war außergewöhnlich! Die Vermutung ist, dass um 1000 das Doppeldorf noch aus einem einzigen „Ökonomiebetrieb", dem Sedelhof, bestand. Er hatte die Größe der späteren Hofmark Taufkirchen-Westerham.

Bis 1300 waren fünf Anwesen aber an kirchliche Einrichtungen gegeben worden: Bachmühle, Markl und Kanzler an das Stift St. Veit in Weihenstephan, der Limmer an das Kloster Tegernsee und der Saxhuber an Schäftlarn. Die Taufkircher verfügten damals aber wahrscheinlich schon über drei Mühlenbetriebe: die Kottmühle (in Potzham), die Sixtmühle und die Zaunmühle. Als Ausgleich für Flächenabgaben gelang es den Taufkirchern im Laufe der Zeit in anderen Dörfern Grundbesitz zu erwerben.

In späteren Zeiten nimmt die Vielgestaltigkeit ein wenig zu: Es werden in Taufkirchen und Westerham Grundstücke bereitgestellt für den Wirt, den Schmid (schon am Entenbach stationiert?), den Frühmesser und schließlich für Kleinanwesen. Gertrud Diepolder schreibt: „Die Ansiedlung solcher >armen Leute< geschah im ganzen Münchner Umland mit Duldung und Förderung des Landesherrn vor allem im 16. Jahrhundert."[36] Aber noch 1848, bei der Auflösung der Hofmark, gibt es hier im Vergleich zu den anderen Dörfern Hachings eine sehr viel geringe Zahl von Obereigentümern.

Die Familie der Taufkircher hatte im zentralen Schlossanger ihren „Sitz", ihr Schloss oder Burg[37]: ein Gebäude in Holzkonstruktion[38] (Vgl. Anhang 9: ein Haus in der zeitgenössischen Ständer-Bohlen-Bauweise). Später wurde ein „Pfegerhaus" angefügt. Leider wurde bei der Bebauung des Schlossangers im 20. Jahrhundert versäumt nach den Grundmauern dieser Gebäude zu fahnden.

---

35 Monumenta Boica, Bd. 2, S. 70

36 Heimatbuch Oberhaching, S. 302

37 Apian schreibt in seiner Topographie von Bayern: „Taufkirchen, ein Dorf, eine Kirche und eine Burg", HH, S.403

38 In einem Verzeichnis von 1567 heißt es: Tauffkirchen das Dorff unnd ein erzimerte Behausung auch das Dörffl Westerhaim darbey ain Hoffmarch. HH, S. 402

Hilprant tritt bei zahlreichen Beurkundungen als „Siegler" auf, wobei er bereits das „Löwensiegel" benutzt, von dessen Entstehung die Dokumente schweigen.[39] Es ist in Anhang 6 wiedergegeben.[40]

Hier zwei Beispiele für Verbriefungen durch Hilprant mit dem „Haussiegel": 1366 verkaufte Frau Hailweick, die Wildgekerin, und ihr Sohn Hans eine Hube mit Zehentrecht zu Sauerlach: Siegler Hilprant der Taufkircher. Um 1370 bestätigte Hilprant dem Propst Vlrich und dem Konvent von Schäftlarn die Rückzahlung eines Kredites von 18 Pf. Pfg. (= Pfund Pfennige)[41]

Über das Wappen der Taufkircher gibt es zahlreiche historische Beschreibungen. In der amtlichen Blasionierung (Beschreibung), die der Einführung des Wappens als Gemeindeemblem 1957 zugrunde liegt, ist erläutert, dass sich der Löwe das Schwert in den Rachen stößt. Im Familienstammbuch der Taufkircher heißt es lapidar: „halber Löwe, sich mit einem Schwert durch das Maul und Kopf stechend". Johann Siebmachers Beschreibung - er hat 1605 das Standartwerk der Wappenkunde herausgegeben - lautet: „Ein oberhalber goldener Löwe, der sich ein silbernes Schwert durch Rachen und Hinterkopf bohrt."

In den letzten Jahrzehnten ist die Idee aufgekommen (und wird schon Kindern in der Grundschule beigebracht) der Löwe habe sich nicht selbst verwundet, sondern das Schwert neben seinem Kopf nur zum Schlag erhoben. Die zitierten und weitere Beschreibungen des Wappens geben dafür keine Anhaltspunkte. Dieser Umdeutungsversuch ist auch unter Tierschutzgesichtspunkten entbehrlich, da es sich bei dem Löwen im Wappen ja nicht um die Darstellung eines lebenden Tier und eines Mordinstrumentes, sondern um die Zusammenfügung von zwei Herrschaftssymbolen handelt.

Mit dem starken Löwen hat sich ja z. B. das Adelshaus der Welfen „geschmückt". Das Schwert symbolisiert traditionell richterliche Gewalt. Die Deutung des mittelalterlichen Wappens insgesamt gelingt uns nach 700 Jahren allerdings nicht mehr[42]. Die „Selbstverstümmelungsszene", die heute befremden mag, hat aber offensichtlich noch anfangs des 20. Jahrhunderts niemanden gestört.

Der Familie der Taufkircher, war es offenbar gelungen, im Münchner Raum ein beträchtliches Prestige zu erringen. Das Folgende ist dann sehr überraschend: 1359 wird Hilprant gezwungen zusammen mit seinem Sohn eine Urfehde zu schwören. Das bedeutet er war im Gefängnis eingesperrt — wie lange und weshalb ist nicht bekannt;

---

39 In Reinhard Riepls Wörterbuch zur Familien und Heimatforschung heißt es unter „Siegelmäßigkeit /-recht": „Das Recht der S. bedeutet in Bayern nicht nur das Recht, ein eigenes Siegel und Wappen zu führen, sondern darüber hinaus auch das Vorrecht, öffentl. Urkunden auszustellen ..." Hilprant hatte also bereits Wappen und Siegel!

40 Gerichtsurkunden Wolfratshausen zit. aus Nachlass Hobmair

41 HStA, Klosterurkunden Schäftlarn KU 212, zit. aus HH S. 59

42 Möglicherweise erinnert das Wappen an ein einschneidendes Ereignis im Leben eines Ahnherren der Taufkircher oder an eine Sage aus der Zeit der Ritter (vgl. Georg Scheibelreiter, Wappen im Mittelalter, Primus Verlag, Darmstadt 2014).

vielleicht wurde er Opfer einer Adelsintrige. Damit der Vater freikommt, müssen sich Hilprant und Sohn Conrad feierlich verpflichten, auf Rache zu verzichten (Vgl. Anhang 1). Hilprant hatte die Brüder Otto und Ulrich sowie die Schwestern Adlheit, Margaretha und Agnes. Margaretha heiratete 1346 Weichnand von Sachsenheim, Agnes den Conrad Türndl (kurfürstlicher Landrichter auf Burg Kling, Kreis Rosenheim).

Die Schwester Adlheit war, soweit erkennbar, zuerst mit Marquart Eglinger[43] dann mit Ulrich Griwthaimer verheiratet. Als sie Witwe wurde und ohne Kinder war, formulierte sie 1349 aus ihrem offensichtlich großen Vermögen mehrere Vermächtnisse: Neben großzügigen wohltätigen Stiftungen vererbt sie den (für uns namenlosen) Kindern ihres verstorbenen Bruders Ulrich ihren Hof in Baldham. Drei Kindern ihres Bruders Hilprant versprach sie den Brunnenhof in Pötting (s. unten).

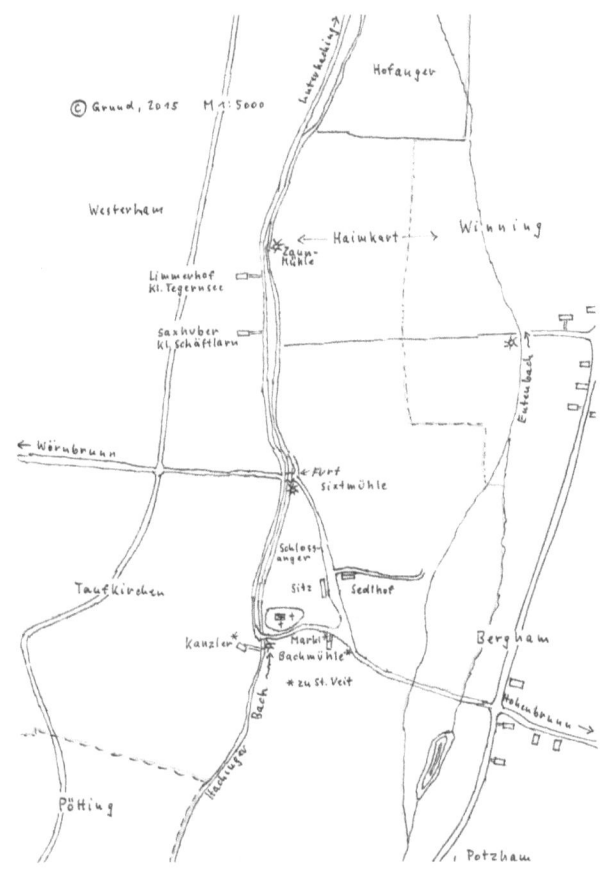

Abb.:
Lage Taufkirchen und Westerham um 1300. Die beiden Orte sind noch ungewöhnlich „dünn besiedelt". Es gibt wohl nur etwa 50 Einwohner.

---

43 Aus Egling südlich Deining?

Zu Ulrich schweigen die Dokumente. Der Bruder Otto, begründete zusammen mit seiner Ehefrau Dorothea von Morolting eine nur drei Generationen überdauernde Taufkirchner Seitenlinie (s. den Stammbaum im Anhang 2). Aus einer frommen Stiftung im Jahr 1465 geht indirekt hervor, dass Otto zu seiner Zeit die Zaunmühle und den „Ölanger" in Westerham besessen und daraus Öl für das ewige Licht in der Kirche St. Johannes gestiftet hatte.[44] Dem Ehepaar Otto und Dorothea erwuchsen drei Kinder mit Namen: Gertrud, Gebhard und Heinrich Otto.

Gertrud wurde verheiratet mit dem Herrn Ergshauser zu Ergshausen.[45]

Gebhart trat ins Kloster Tegernsee ein und brachte es zum Vorsteher: Abt Gebhart von Taufkirchen regierte das Kloster 21 Jahre lang (1372-93), was wieder die enge Beziehung zwischen dem Konvent, dem Hachinger Tal und den Taufkirchern unterstreicht.[46]

Das Kloster hatte allerdings damals nicht seine beste Zeit. Roland Götz vom Archiv des Erzbistums München und Freising spricht von Lockerung der Ordensdisziplin, Misswirtschaft und Niedergang.[47] Hubensteiner hebt in der „Bayerischen Geschichte" einerseits „die fromme Barmherzigkeit des späten Mittelalters" hervor, andererseits heißt es aber: „auch für Altbayern bringt ... das ausgehende 14. Jahrhundert jene kirchlichen Missstände, die jede Reformationsgeschichte dutzendweise herzählen kann." Es hatte sich „die Klosterzucht gelockert und lag über den alten Abteien die Kirchhofstille des inneren Verfalls. Tegernsee galt nur noch als Versorgungsanstalt für den Landadel ... Die Zeit war reif für Reformen."

Dagegen ging es dem Landvolk schlecht. Das Recht der drei Stände, von Adel, Bürgern und Geistlichen, die Steuern festzulegen, „führte zu einem schreienden Missbrauch: zur Steuerfreiheit des Adels und der Prälaten, die die ganze Landsteuer auf die Bauern abwälzten." (Was Pfarrer Josef Socher aus Oberhaching noch um das Jahr 1800 im Bayrischen Landtag anprangern musste!) „Was die Lage der Bauern vollends drückend machte, war, dass mit dem Aufkommen des Frühkapitalismus [in den Städten] und dem Niedergang des Adels sich die patriarchalischen Verhältnisse zwischen Grundherrn und Grunduntertan mehr und mehr löste, dass die Herren die Zügel straffer anzogen und ihre Rechte rücksichtsloser nutzten."

Doch ab 1426 führte der Reformeifer neuer Äbte Tegernsee „Schritt für Schritt zur Blüte." Zum Beispiel war die Tegernseer Bibliothek „reicher als die mediceische in Florenz oder die vatikanische in Rom, ... um 1500 eine der ersten in Europa."[48] Tegernsee galt als eines der reichsten Klöster in Mitteleuropa: Die 30 bis 40 Mönche (Roland Götz) bezogen in ihrer besten Zeit Einnahmen aus 1000 Bauernhöfen, sie

---

44 HH, S. 268

45 Aus Ergertshausen bei Deining?

46 Willibald Mathäser, Chronik von Tegernsee, München 1981, S. 285

47 Roland Götz, Kunstführer St. Quirinus Tegernsee, Verlag Schnell und Steiner, Regensburg 2009

48 Benno Hubensteiner, Bayerische Geschichte, 1. Auflage 1950

verdienten am Wein aus den Gütern in Südtirol und der Wachau, den sie bis nach Russland exportierten.

Was das Wirken des Abtes Gebhart betrifft, so ist nur dies bekannt: er erreichte, dass uneheliche Kinder aus den Klosterhöfen als Leibeigene in Tegernsee arbeiten mussten.[49]

Über Heinrich Otto I, den Bruder des Abtes, gibt es in den Dokumenten eine Aussage, die lautet: „Heinrich Otto der jung Taufkircher an der Schrannen zu Taufkhürch bei dem Richter zu Wolfratshausen neben Hans u. Ulrich den Hechenkhürchern gesessen 1377" - also wohl als beisitzender Richter."[50] Angaben zu seiner Ehefrau fehlen. Mit der Tochter Ottilie, die mit Hans Rossl zu Zell verheiratet war, starb offenbar die Otto´sche Seitenlinie aus.

Im Wappenbuch der Taufkircher werden Kirchenmänner erwähnt, die in Ebersberg gewirkt haben sollen. So heißt es: nachweislich „zwaier im Closter Ebersberg befundtner und vorhandner alten Tauffkircherischen Grabstain" sei dort „der ain Abt Menhart oder Wernhart Anno 1343 in die Regierung khommen und 11 Jar regiert". Sollte der Abt Menhart oder Wernhart ein weiterer Bruder oder ein Vetter des Hilprant I gewesen sein?

Außerdem wird im Wappenbuch noch aus Ebersberg berichtet: „Anno 1417 hat abermals einer regiert 30 Jar, auf dessen Grabstain auch das Tauffkircherich Wapen irfind."[51]

Laut Literatur amtierte 1412-40 Abt Simon, dessen Abtsiegel - in der knappen Fachsprache der Heraldik – tatsächlich so beschrieben wird: „rechts Schild mit nach links gewendetem wachsendem [aufrechtem] Löwen, der sich ein Schwert in den Rachen stößt!"[52]

Abb.: Wappen um 1600. Wappenschild, Helm und Helmzier nach einer Zeichnung von Steffan Ebersberger.

---

49 Willibald Mathäser, Chronik von Tegernsee, München 1981

50 Wiguleus Hund, Bayrisch Stammenbuch III, Nachdruck Neustadt/Aisch 1999

51 Das Wappenbuch der Taufkircher in HStA, Personenselect, Carton 443

52 Bernhard Schäfer (Koordinator), Kloster Ebersberg, Landkreis und Kreissparkasse, Ebersberg 2002

Der Maler hat ein Doppelwappen gezeichnet, das Eber und Löwe vereinigt und es wird (ohne verlässliche Jahreszahlen) vorgestellt: „Otto Taufkhürcher zu Thaufkhürchen, Abt zu Ebersperg". Der Zusatztext lautet: „Ißt ain Innffl vorhanden daran das Taufkirchisch wapen". Das würde bedeuten, dass die Ebersberger Äbte, als besondere Auszeichnung wie ein Bischof die Inful oder Mitra tragen durften und Otto eine solche Kopfzier besaß, auf die das Wappen der Taufkircher eingestickt war.

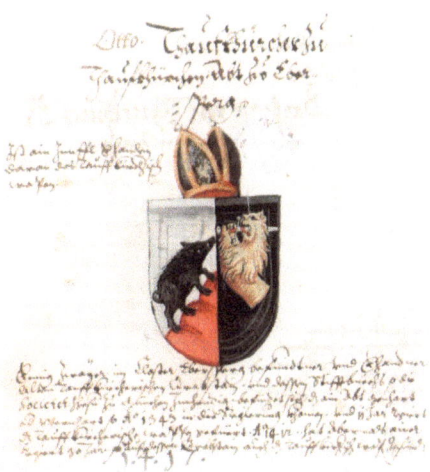

Abb.: Otto Taufkircher im Wappenbuch von Steffan Ebersberger

Die hiesige Adelsfamilie war eng mit der Kirche St. Johannes verbunden. Vermutlich stand anfangs am Bach ein Baptisterium, das zur Kirche umgebaut wurde. Über Bauweise und Aussehen der Ortskirche, die 1052 in der Hand des Stiftes St. Veit lag, wissen wir nichts. Möglicherweise handelte es sich um eine Holzkonstruktion. Sie wurde offenbar durch einen Steinbau im romanisch-gotischen Übergangsstil ersetzt.
Dies ereignete sich etwa in der Zeit, als Hilprant die „Regierungsgeschäfte" von seinem Vater übernahm. Man hat nämlich festgestellt, das im Dachstuhl der Kirche St. Johannes d. Täufer bis heute Balken erhalten sind, die im Jahr 1333 gefällt und wohl im gleichen Jahr, das dann auch das Jahr der Vollendung des Kirchenneubaus war, eingebaut wurden. Wie gesagt, war Taufkirchen Filiale der Großpfarrei Oberhaching. Und von dort aus musste der Pfarrherr die kirchlichen Dienste für Taufkirchen und die umgebenden Weiler (von Pötting bis Winning) organisieren, die kein eigenes Gotteshaus besaßen. (Das folgende Bild zeigt den Zustand der Kirche bevor in der Barockzeit die Sakristei in Norden abgebrochen und durch einen Anbau im Osten ersetzt und der Eingangsbereich nach Westen verlegt wurde.)

Abb.: Kirche St. Johannes um 1600

Abb.: Kirche St. Johannes heute

Die Kinder des Hilprant I

Hilprants begabter, zweiter Sohn Conrad machte Karriere: er wurde für fünf Jahre zum Richter der Stadt München berufen.[53] Im Jahr 1319 war angesichts früherer Vetternwirtschaft festgelegt worden, dass sie von außerhalb kommen mussten: ein Vertreter des oberbayerische Landadels stellte nun jeweils den Stadtrichter. Sie hatten eine privilegierte Stellung. Als Zeichen ihrer Blutgerichtsgewalt (unter dem Herzog, zu dem sie sicher fast unmittelbaren Zugang hatten) trug ihnen beim Gang durch die Stadt ein Knabe ein Schwert voraus. Sie nahmen ihre reichlichen Gebühren steuerfrei ein, verfügten über eine Dienstwohnung und vier Knechte.[54] Diese Gerichtsknechte waren gleichzeitig auch die Henker. Außerdem hatten sie Einnahmen aus Spielhöllen und Bordellen.

Abb.: Ein Gefangener vor dem Richter in Bamberg. Holzschnitt 1507.

Richter Conrad ist offensichtlich zu beträchtlichem Vermögen und Einfluss gekommen. Im Kloster Tegernsee verlieh man ihm das (wohl doch einträgliche) Ehrenamt eines Kuchelmeisters.[55] Von seinem dort residierenden Vetter, dem Abt Gebhart, erhielt er gemeinsam mit seinem Sohn Heinrich vier Höfe in Kirchstockach zu Leibgeding, also als Lehen für die Dauer ihres Lebens.[56]

Die Ehefrau des Conrad war eine geborene Sonderdorfer. Die Familie bewohnte Schloss Ibm bei Eggelsberg und ein Anwesen in Mattsee im Salzkammergut. Das Paar hatte die

---

53 München hatte damals erst etwa 12.000 Einwohner

54 Roswitha von Bary, Herzogsdienst und Bürgerfreiheit, Hugendubelverlag, München, 1997

55 Lt. Reinhard Riepl, Wörterbuch zur Familien- und Heimatforschung hat der „Kuchlmaier / Kuchenmayr" für die Versorgung der herrschaftlichen Küche zu sorgen.

56 HH, S. 445

Tochter Mechtild, die mit Hans Stockherl (ein Münchner Patrizier?) verheiratet wurde, und den Sohn Heinrich - aber keine Enkel! Für den Fortbestand des Geschlechtes musste mithin Conrads Bruder Hilprant II sorgen!

Conrad brachte wohl das Geld dafür auf, dass für den Vater Hilprant nach seinem Ableben eine aufwendige Beerdigungsstätte errichtet wurde. Sie bestand aus einem Sarkophag, den an der Oberseite ein steinernes Abbild Hilprants in Ritterrüstung zierte. Der Sarkophag wurde in einem Eck zwischen Turm und Langhaus der Ortskirche angebaut und mit einem Holzdach geschützt. Außerdem zierten mehrere Bildwerke die Erinnerungsstätte. Conrad stiftete dazu noch eine Wochenmesse. Danach musste an jedem Montag für „den lieben Herrn Herrn Hilprant des Taufkirchers selig, dem Gott genedig sey," ein Gebet (Placebo) am Grab gesprochen und eine Messe gelesen werden. Für keinen der Nachfolger wurde später ein solcher Aufwand getrieben. Die Bedeutung der Familie der Taufkircher wurde jedenfalls wirkungsvoll unterstrichen. 1430 gelang es dann Mitglied in der Standesvertretung, der „Landschaft", zu werden.[57]

Zum Ende des 14. Jahrhunderts gab es in München erhebliche Interessensgegensätze, die sich in einem Aufstand entluden. In der aufblühenden Stadt hatte sich eine Patrizierkaste entwickelt, die sich gegenüber den Bürgern immer mehr Rechte anmaßte. Die Handwerkszünfte taten sich als letzten Ausweg zusammen und besetzten das Rathaus. Die gemeinsam regierenden Herzöge Ernst und Wilhelm belagerten daraufhin die Stadt und zwangen die Handwerker zur Aufgabe.

Zum Richter Conrad Taufkircher teilte das Stadtarchiv München auf Anfrage diese Einzelheiten mit: „Im Gerichtsbuch der Stadt München ... ist für den 27. Januar 1382 die Einsetzung Chunrats als Richter bezeugt (Zimelie 26/1, fol. 153 v.) ". „Der [einzige] Satz im Gerichtsbuch ... lautet in der korrekten Übertragung:
>Anno D[o]m[ini] MCCCLXXXII Dez mantags nach sand Pauls tag alz er bechert warde ist Chuonrad der Tauffchircher zu Muench[e]n an daz recht gesezzen vn[d] hat auch dez selb[e]n tags gesworen.<"

„In dem Wort „bechert" ist das „c" wie ein „k" auszusprechen, das Wort bedeutet also „bekehrt". Mit „sand Pauls tag alz er bechert warde" ist „Pauli Bekehrung" (25. Januar) gemeint." Fridolin Solleder schreibt: „Den Amtseid beim Dienstantritt musste der Stadtrichter vor Herzog Albrecht IV, seinen obersten Hofbeamten und einigen Stadtvertretern leisten und alljährlich vor dem inneren Rat wiederholen."[58]

Zum Namen des Richters schreibt das Stadtarchiv: „Das „o" bei „Chuonrad" hat durchaus seine Bedeutung. Im Originaltext ist über dem „u" ein „o" zu lesen. Es verändert die Aussprache des „u" und hat im Lauf der Zeit dazu geführt, dass aus dem „u" das „o" in Konrad wurde. In der heutigen Schreibweise setzt man einen

---

57 Heinz Lieberich, Materialien zur Bay. Landesgeschichte, Band 7, Die Bay. Landstände, S. 34 u. 69

58 Fridolin Solleder, München im Mittelalter, Verlag R. Oldenburg, München Berlin 1938, S. 323

übergeschriebenen Buchstaben einfach nach den Buchstaben, über dem er im Orignaltext steht."⁵⁹

„In einer Urkunde für das Heiliggeistspital vom 2. Februar 1397 hat Chunrat als Richter von München gesiegelt (Urkunde C IX c 1, Nr. 53) [Zimelie 63] ".

Abb.: Kirchenfenster. Jünglich in Rüstung kniet vor St. Johannes und Maria mit dem Kind

Hilprant gibt seinem ersten – wohl weniger begabten Sohn wieder den Namen Hilprant. Dieser tritt in den Dokumenten nicht in Erscheinung. Bekannt ist nur: Er heiratete 1364 Maria Kemmater von Kemmat zu Tandern. Ihre Familie (Kemmater oder Kemnater, vom Wort „Kemenate" d.h. beheizter Raum) war bis 1474 im heutigen Hilgertshausen-Tandern im Landkreis Dachau ansässig.

Hilprant II hatte die Schwestern Elsbet und Anna. Die drei Geschwister – Conrad geht leer aus - sind von ihrer Tante Adlheit als Erben bestimmt für den „Brunnhof" im Weiler Pötting.⁶⁰ Der Ort erhielt offenbar seinen Namen von der Sippe des Petto, die hier im Frühmittelalter einen Fronhof gründete. Ein Petto aus dieser Familie wurde Bischof im Frankenreich und zugleich Abt des Klosters Schäftlarn. 806 schenkte er seinen Besitz in Haching – der Name wird hier erstmals erwähnt – an sein Kloster.⁶¹

Vor 1200 teilte man den großen Hof. Die beiden Anwesen erhielten später die Namen Wölflhof und Hacklhof. Noch für 1813 werden die Klöster Diessen und Weihenstephan als Obereigentümer der Anwesen genannt. 1652 heißt es in einer Beschreibung des Wölflhofes: „ain neuerpauthe hilzene Behausung mit ainem Strotach sambt Stadl, Ross und Kuestall, ain Pachoffen und Schöpfprunnen dann ain Wagenschupfen dabey auch ain Garten uf ain Tagwerch groß."⁶² Im 20. Jahrhundert wurden die Betriebe zum Wölflhof wiedervereinigt.

---

59 Mehrere Mitteilungen als Emails von Dr. Manfred Peter Heimers, Stadtarchiv München, 2011
60 MB Bd. 19, S. 523, HH, S. 290
61 HStA, Klosterurkunden Schäftlarn KU 21
62 HH, S. 504

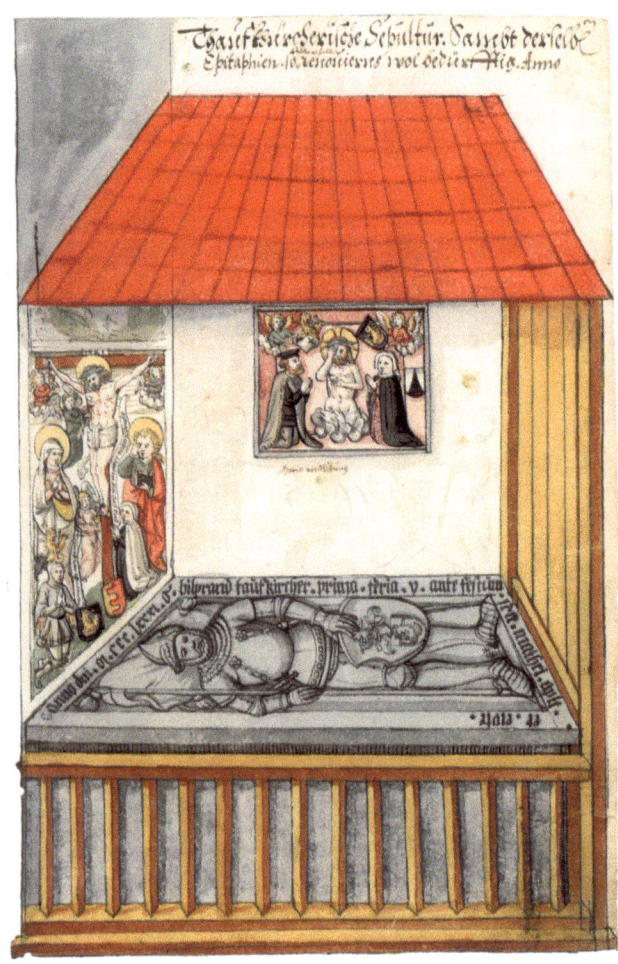

Abb.: Grabmal von Hilprant Taufkircher. Zeichnung um 1600

Die Kinder des Hilprant II

Nachfolger des Hilprant II als Familienoberhaupt war sein Sohn Heinrich Otto II. Er war Hofmeister des Bischofs Albrecht III in Regensburg und Pfleger in Autting an der Laber. Sein Dienstherr Albrecht wurde für seine sparsame Hofhaltung gerühmt. Ein Pfleger ist zuständig für Militär, Polizei, Verwaltung und ist „Leiter des Gerichts" (van Dülmen).
Er heiratete Clara Auer von Prennberg, eine gute Partie: sie besaß zwei Häuser in München (eines an prominenter Stelle: neben Riedlers Seelhaus (Beginenheim), heute Teil der Residenz, s. Anhang 8) und brachte 500 Gulden Heiratsgut ein. Man muss den Betrag wohl etwa mit 200 malnehmen, um in etwa auf einen Wert in Euro zu kommen. Clara stammte aus der Regensburger Patrizierfamilie, die sich nach der Burg Prennberg (heute Gemeinde Brennberg/Niederbayern) benannte, welche sie von 1379-1460 besaß. Nachdem ihr Mann gestorben war, diente sie als Hofmeisterin von Elisabeth. Diese war die Ehefrau von Herzog Ernst (der 1435 Agnes Bernauer, die Frau seines Sohnes, töten ließ).
1423 wurde Clara vom Kloster Tegernsee mit einem Hof in „Teysenhofen"belehnt[63]. Ist das wohl der Hof, den die „mater Taufkirchorum" 1289 inne hatte und der dann nicht in Oberhaching sondern in Deisenhofen gelegen hätte (s. o.)?
Der Bruder von Heinrich Otto, Hiltbrand, wurde Domherr in Freising und stieg ins Domkapitel auf. Die Brüder hatten gemeinsam „in die Dombkirchen ainen Jahrtag gestüpht mit ainer Vigil und Sellambt ... darfür geben den Püchelhoph zu Pozhaimb."[64]
Damals befand man sich in stürmischen Zeiten: Bayern war seit 1392 zum dritten Mal geteilt und die drei herzöglichen Brüder führten ständig Krieg gegeneinander und mit dem benachbarten Salzburg. Dem Vorgesetzten von Hiltbrant, Fürstbischof Bertold, der zugleich österreichischer Kanzler war, kam dabei oft die Rolle des Schlichters zu. Einmal wurde Bertolds Bischofsstadt Freising aber selbst in den Strudel der Ereignisse gerissen: Herzog Ludwig im Bart von Bayern- Ingolstadt gelüstete es nach dem Domschatz und griff die Stadt an. Der bestochene Richter Weinmair sollte den Truppen die Tore öffnen. Der Verrat kam aber frühzeitig auf und der Fürstbischof ließ Weinmair enthaupten.

Der Bischof erlebte aber auch von anderer Seite Ungemach: Da er seine Sevitienzahlung, das ist die Zahlung beim Amtsantritt, nicht pünktlich entrichtet hatte, wurde er kurzerhand und bis zur Begleichung der Schuld exkommuniziert. Der päpstliche Gesandte in Sachen Ablass, Hermann von Bielefeld, bedrohte Bertold später erneut mit Exkommunikation, wenn er nicht innerhalb von vier Wochen 150 Golddukaten aufbringt.[65]

---

63 HStA, Klosterurkunden Tegernsee KU 36
64 Johann Prey, s. oben, Bild 239
65 Josef Maß, Das Bistum Freising im Mittelalter, München 1988

Abb.: Verwitterter Epitaph des Kanonikus Hiltbrand im Dom in Freising

Über das Wirken des Domherrn ist im Einzelnen nichts überliefert. Im Kreuzgang des Doms erinnert aber ein stark verwitterter Grabstein an den „Kanonikus Hiltbrand von Taufkirchen, gestorben 1403."[66]

Heinrich Otto und Hiltbrand hatten drei Schwestern, die alle zwischen 1401 und 1407 standesgemäß mit Herren aus ländlichen Adelsfamilien verheiratet wurden. Der Ehemann von Magdalena war Dionysius von Offenstetten, dessen Familie bei Abendsberg in der Holledau Schloss und Hofmark inne hatten. Margaretas Hausherr war Conrad Dachauer vom Schloss Lauterbach bei Bergkirchen und Dachau. Barbara hatte den Herrn Johann von Holnstein aus Schwarzenfeld bei Schwandorf geheiratet.

---

66 Josef Schlecht, Monumentale Inschriften im Freisinger Dome, Sammelblatt des Hist. Vereins Freising 1906, S. 70

Die Kinder des Heinrich Otto II

Heinrich Ottos Frau, Clara Auer, gebar acht Kinder: die Söhne Georg und Hans und die Töchter Barbara, Katharina, Magdalena, Ursula, Apollonia und Clara.
Katharina heiratete den Hans Magensreutt zu Teising bei Altötting, Magdalena den Christoph Laubersdorf zu Laubersdorf (Schweiz?), Barbara den Pfleger Nußberger zu Furth heute Grafenau/Bayerwald. Sie hatten einen Sohn namens Tristram, der in Freising ins Domkapitel aufstieg und dort erst Kapitular dann Domkustos (Domverwalter) wurde.[67] Apollonia ehelichte den Herrn von Ellerbach in Schwaben und Clara den Eberhart Aufberger zu Moyring (Mairing bei Deggendorf).
„Ursula von Tauffkirchen-Hohenrain und Höchlenbach" (Titulatur lt. Wikipedia) wurde „Stiftsfräulein" und leitete als Äbtissin 1444-48 im Niedermünster in Regensburg eines der wichtigsten Damenstifte Deutschlands.
Hans heiratete Magdalene Fürststeiner zu Burgharting (bei Moosburg). Elisabeth, die Tochter des Ehepaares, wurde in das vornehme Stift ihrer Tante in Regensburg gegeben. Georg war verheiratet mit Clara Pötschner[68], die aus einer der reichsten Salzhändlerfamilien Münchens stammte. (Im Wappenbuch heißt es Khatharina Kaldtenbergerin sei seine Ehefrau gewesen. War er zweimal verheiratet?)
Georg und Hans werden in den Dokumenten meist zusammen genannt. Sie leiteten wohl gemeinsam die „Familiengeschäfte". Die Mutter Clara Auer musste 1421 über einen bedauerlichen Vorfall berichten, „dass ihr Sohn Georg Taufkircher [den] N. Sedlshausen und dessen Knecht nächtlicher Zeit aus dem Haus heraus gestosent und beide töttlich verwundet habe, worüber ihr Sohn in die bürgerliche Gestauchhaus[69] kommen und noch darin liege."[70] Einzelheiten sind nicht bekannt.
Georg Taufkircher stiftete 1426 für sich — als Sühneleistung? - und seine Geschwister und unter der Zeugenschaft des adeligen Oberhachinger Pfarrherrn Syman (Simon) und von zwei Kirchpröbsten ein Benefizium[71]. Die Geschwister stellten dafür Einkünfte aus ihren Höfen unbefristet zur Verfügung. Ihre Mutter Clara fügte Einnahmen aus ihren beiden Häusern in der Schwabinger und der Sendlinger Gasse in München hinzu. Mit dem Geld wurde ein „Bauernsachl" angeschafft und laufend ein Caplan oder „Frühmesser" bezahlt. Der Geistliche hatte die Aufgabe, sechs Mal in der Woche die Messe zu lesen. Andere (einnahmeträchtige) kirchliche Verrichtungen waren ihm nicht erlaubt. Georg und Hans besaßen in München ein Haus in der Dienerstraße Nr. 6; sie

---

67 Hubert Glaser (Hg.), Das Grabsteinbuch des Ignaz Alois Frey, Verlag Schnell + Steiner, Regensburg 2002
68 Im Namen Pötschner steckt die „Pütsche" = kleines (Salz-)Gefäß. Das Familienwappen zeigt diese Pütsche. Sie und Clara Pötschner sind auch auf dem Stammbaum im Wappenbuch abgebildet - aber beim falschen Partner! Die Familie besaß einen Hof in Unterhaching
69 Gestauchhaus = Gefängnis ?
70 Johann Michael Prey (siehe oben), Bild 241
71 HH, S. 692

zahlten hierfür im Jahr 1428 zwei rheinische Gulden „Grundsteuer".[72]
Die Taufkircher wurden nun Mitglied der „Landschaft"; Georg nahm am Landtag in Freising am 10.1.1430 teil. Dabei vereinbarten der oberbayerische und der Ingolstädter Landesteil in einem „Bundbrief", dass jährlich ein Geldbetrag angelegt werde. Das Geld sollte dazu dienen, in einem der häufigen Streitfälle Ansprüche der Geschädigten zu befriedigen.[73]
Georg Taufkircher wurde (trotz Vorstrafe!?) zum Klosterrichter in Tegernsee berufen. Er übte dieses einflussreiche Amt 35 Jahre lang aus von 1431 bis 1466.[74]
Seine Berufung erfolgte unter dem Abt Kaspar Aindorffer aus München, der 1426-1461 amtierte. Herzog Wilhelm und der Freisinger Bischof Nikodemus beklagten zuvor den „Verfall der Klosterzucht und den Sittenverfall der Geistlichen" und drangen auf Reformen. 1427 konstatierte ein Visitationsbericht, dass „Besserung sowohl in Haupt als Gliedern nach vielen Richtungen hin nöthig sei." Auch wirtschaftlich gab es Probleme: das Kloster hatte Schulden in Höhe von 13.000 fl. Unter Kaspar Aindorffer wurde die Reform des Klosterlebens eingeführt, die im Kloster Melk ihren Ausgang genommen hatte. Kaspar bildete tüchtige Ordensmänner aus und sorgte für die strikte Beachtung der Ordensregeln.
Peter A. Cramer berichtet „Die Äbte der Reichsabteien hatten sich mit den vier traditionellen Hofbeamten umgeben (Marschall, Truchsess, Kämmerer und Mundschenk)". Es waren Ehrenämter.[75] Die Männer wurden im Allgemeinen nur bei feierlichen Gelegenheiten ins Kloster gerufen. Der Truchsess war vom Konvent mit 3 Höfen belehnt worden und erhielt z. B. für seine ehrenamtliche Tätigkeit 15 fl im Jahr.
Es heißt: „Ein großer Streit entstand über das Kuchelmeisteramt zu Tegernsee zwischen unserem Christoph [dem Höhenrainer] und den Gebrüdern Jörg und Hanns den Taufkirchern." Der Abt Gebhart Taufkircher hatte den Posten 1381 seinem Neffen Conrad verliehen. Wenig später versprach man aber auch den Höhenrainern diese Aufgabe. 1440 kam es dann zu einem Gerichtstag mit zahlreichen adeligen Vertretern beider Seiten in München. Vorsitzender des „Lehensgerichts" war in Vertretung des Abtes der Marschall[76] der Abtei, Caspar v. Tor zu Eurasburg. In dem Gerichtsverfahren wurden Zweifel an der Vergabe des Kuchelmeisteramtes unter Verwandten geäußert. Daher „erging das Urtheil, dass die Höhenrainer bei dem Amte bleiben sollen."[77] 1487 starb mit Georg Höhenrainer diese Adelsfamilie aus - 60 Jahre danach übernahmen die

---

72 Ält. Häuserbuch der Stadt Mü. Bd II, 2006, S. 494: „St: 1428: dedit 2 rh gl für sich, sein bruder Hansn und dedit 1 gross pro se relicta Smidmairin, herr Michels muter St: 1428 dedit 3 gross für sich und ir ehalten." (Zur 1. Steuererhebung 1428 gab Jorg Taffkircher 2 Rheinische Gulden für sich und seinen Bruder Hans, zur 2. Steuererhebung 3 Groschen für sich und für ihr (wessen?) Gesinde.)

73 Franz von Krenner, Baierische Landtags- Handlungen in den Jahren 1429 bis 1503, München 1803

74 HStA, Klosterurkunden Tegernsee KU, Blatt 2

75 Mitteilung Dr. Roland Götz, Diözesanarchiv München

76 Peter A. Cramer, Geschichte des Tegernseer Tales, Eigenverlag, Bad Wiessee, 1991

77 Theodor Wiedemann, Geschichte der Hofmark Höhenrain in OA, 8. Bd. München 1847, S. 159

Taufkircher deren ehemaligen Besitz: die Hofmark Höhenrain (s. unten).

Gegen Ende seines Lebens, 1456, ergänzte der fromme Klosterrichter und sein Bruder Hans die o. g. Stiftung. Sie lassen es sich ½ Pfd. Münchner Pfennig (½ fl), 2 Gänse, 6 Hühner und 100 Eier aus der Landwirtschaft der Zaunmühle in Westerham kosten. Außerdem bestimmen sie: „Weiterhin soll jeder Müller jährlich 12 Pfund Öl zum ewigen Licht für das Gotteshaus Taufkirchen geben." Dafür müssen „Der Pfarrer und der Gesell [für die Familie] am weißen Sonntagabend ein Vigil und am Montag der Pfarrer ein Seelamt singen und sein gesell ein Seelmess sprechen".[78]

1461 heißt es: „Jörig Tauffkircher hat empfangen die Swaig am Niderschuß in Tegernseer herrschafft auch allen Zehent aus der genannten Swaig ... und ainen Hoff zu potzhaim genannt Hinterhof (später: „Haimerer") darauf Hanns Rosler sytzt."[79] Der „edle und veste" Caspar von Tor rief 1441 wegen eines Erbstreites beim Kloster ein „Mannrecht" zusammen „mit den Mannen des Gottshaus besetzt". Unter den neun Männern, die das Gericht bildeten, war auch Georg Taufkircher. Im gleichen Jahr ist Georg der prominenteste erste Zeuge bei einem Richtspruch zu einem Besitzstreit des Klosters. Bei einem anderen Verfahren wird Georg ein Jahr später neben anderen als Zeuge aufgeboten.[80]

Aus dem Jahr 1455 ist ein Streitfall überliefert, bei dem Georg im Hachinger Tal tätig wurde. Die Bauern von Oberhaching, Deisenhofen und Furth hatten beim Landgericht Wolfratshausen gegen die Gmain Potzham Klage erhoben, da deren Bauern die gemeinsame Pferdeweide zu stark für sich nutzen würden. Georg vertritt das Kloster als Grundherr der Potzhamer Bauern und also die Gegenpartei. 21 Männer begleiten ihn, die als „Eideshelfer" bezeichnet werden. Der Landrichter erscheint mit zwei „Spruchleuten" (Geschworenen?). Er führt eingehende Zeugenvernehmungen und Beratungen durch. Schließlich legt er einen „Hintergang" (Vergleich) fest : Die Fläche wird geteilt. Die Potzhamer Bauern dürfen ihre Rosse unterhalb der „Hochstraße" (dem Feldweg zwischen Potzham und Oberhaching?) weiden, die Bauern der drei anderen Dörfer oberhalb.[81]

---

78 HStA, Ebersberg, Saalbuch Hofmark Taufkirchen, HH, S. 217

79 HStA, Klosterurkunden Tegernsee KU 36, f 66

80 Monumenta Boica, Band 6, S. 295, 298 und 302

81 HH, S. 477

Die Kinder des Georg

Georg und seine Frau Clara hatten drei Töchter und zwei Söhne. Die Mädchen Barbara, Anna und Agnes wurden verheiratet mit Christoph Hakh zu Harbach, Christoph Saldorfer zu Tarau und Kaspar Posch zu Dietersberg bei Neuötting.

Während der Vater Richter fürs Kloster Tegernsee gewesen war, trat der Sohn Leonhart dem Kloster als Benediktinermönch bei, das übrigens damals nur Adelssprosse aufnahm.

Der älteste Sohn des Georg, der „vest und weise" Hans II, heiratete Margarete Prandt von Haselbach bei Aibling.

1483 ist „Hanns Daufkircher" Mitsiegler einer Klosterurkunde aus Schliersee.[82] 1492 streiten „Hanns Taefkircher zu Taefkirchen" zusammen mit dem Abt Quirin von Tegernsee gegen das Kapitel des St. Andreas-Stiftes in Freising, das seit 1356 Pfarrherr der Gesamtgemeinde Haching war[83], um „einen Kasten, Schupfen, Ställe, Stadel ... zu Kirchstockach" - mit unbekanntem Ausgang.[84]

1467 entstand ein juristischer Streit zwischen der Nachbarschaft (den Einwohnern) von Taufkirchen und Westerham und dem Zaunmüller, weil offenbar Wasser aus dem Zulauf der Mühle in Westerham ausgetreten war. In einer Festschrift der Gemeinde Taufkirchen[85] heißt es hierzu: „Das Gericht tagte zunächst auf der Landschranne zu Perlach und kommt dann >zur Kuntschaft<... nach Westerham. Der Richter hat einige >Piderlewte< als Sachverständige mitgebracht. Es kommt zu einem Vergleich. Die Beteiligten: Lienhard, Pfarrer zu Finsing, Ott, Probst des Klosters Tegernsee [für den Limmerhof], Heinrich, Pfarrer zu St. Veit zu Freising >von des Guts wegen, das zu St. Veit gehört [Bachmühle]<, Herr Heinrich Rohrer, wegen des [Unterhachinger] Frühmessgutes, Herr W. Grätzel von St. Marteinsgut (?)." Zwei Müller (die offenbar auch zugegen sind) sollen den Nebenzulauf zur „Obermühle" (Bachmühle?) „einfachen" und die Furt unter der „Nydermühl" (Sixtmühle?) ausräumen. Demnach gab es damals wohl eine Furt, dort wo heute die Münchner Straße als Brücke den Bach quert, aber zwischen Bachmühle und Kirche eine Brücke am Beginn des Hohenbrunner Weges.

---

82 Klosterurkunde Schliersee zit. aus Nachlass Hobmair.

83 HH, S. 85

84 Klosterurkunden Tegernsee KU1239

85 Die Festschrift zur Einweihung des neuen Rathauses vom 21.5.1974 zitiert die KU Teg. 1042

Die Kinder des Hans II

Hans hatte mit seiner Frau Margarete drei Kinder: Hans Heinrich (der spätere Senior des Hauses), Hans III und Anna.

Anna ehelichte den Jägermeister Leonhard Marzeller zu Aiglsbach/Holledau und gebar ihm den Sohn Georg. Als Georg und seine Eltern vor der Zeit verstorben waren, erbte Hans Heinrich den Besitz in Aiglsbach (im 15. Jahrhundert gegründet), der aus Schloss, Sedelhof und etlichen Bauernanwesen bestand. Er nannte sich nun Hans Heinrich Taufkircher zu Aiglsbach; sein Sohn Georg führte diesen Namenszusatz schon nicht mehr. Wurde der Besitz verkauft? Die Frau des Hans III war eine von Pernfeld (Perfeld/Hinterglemm?); Weiteres hierzu ist unbekannt.

Von Hans Heinrich wird berichtet, dass er „aus frommen Stücken" im heiligen Jahr 1500 zu Fuß nach Rom pilgerte. Bei den beliebtesten Pilgerfahrten des Adels nach Rom, Santiago de Compostela und Jerusalem klingt noch nostalgisch das Erbe der „Fahrenden Ritter" an, die sich als fromme Christuskrieger verstanden hatten.[86]

Was ist noch überliefert zu Hans Heinrich? 1505 siegelt er als Lehensherr die Urkunde über den Verkauf des Anteils einer Hube in Pötting durch Agnes, der Frau des Peter Pritls von Pergham. Später ist er wiederum Siegler als nochmals Hubenanteile in Pötting verkauft werden durch Agnes, Paulsens Witwe aus Petting bzw. durch W. Stumpf u. A.[87]

Abb.: Pilger vor der Grabeskirche in Jerusalem

---

86 Vgl. Joachim Ehlers, Die Ritter, Geschichte und Kultur, C. H. Beck, München 2009, S. 40
87 HStA, Gerichtsurkunden Wolfratshausen, zit. aus Nachlass Hobmair

Die Kinder des Hans Heinrich I

Die Frau des Hans Heinrich, Veronika Kölder zu Höch stammte aus dem Salzburgischen. Sie gebar drei Töchter und drei Söhne.

Die Tochter Apolonia heiratete den Leonhard Gartner zu Machtenhofen (Oberösterreich). Er war Pfleger in Steinburg vorm Wald (bei Straubing). Zu Margarethe sind keine Angaben überliefert. Ehemann von Veronika wurde Georg Aresinger aus Aresing bei Schrobenhausen. Er „hat als ain Raisiger in Denemarckht Krirgt (gekämpft) darnach der Ainspaniger Haubtmann (einfacher Hauptmann > der nur ein Pferd einspannt<) zu München, nach demselben Pfleger zu Aibling, Lestlich Pfleger zu Weilhaim worden, alda er als Lest seines Namens und stamens verstorben ohne Khinder 1568."[88]

Der Knabe Otto starb im Kindesalter. Sein Bruder Hans Otto war Hofjunker bei Herzog Ludwig, bevor auch sein Leben vorzeitig endete. Der Vater Hans Heinrich starb 1524 als der einzig lebende Sohn Georg erst 15 Jahre alt war. Georg war zu der Zeit als Edelknabe am Herzogshof in München.

Sein Herr, Herzog Wilhelm IV, zeigt Interesse am fischreichen Hachinger Bach. Das konnte die Witwe nicht abschlagen und so sagen die Dokumente: „Sigmund Hintzenauer zum Train, Pfleger zu Mainburg, als >weiland Heinrichen Taufkircher zu Taufkirchen verlassene Kinder mit Namen Jörgn, Hansen, Apolonia, Margarethe und Veronika zuverordneter Vormund ... < und die Witwe Veronika [verkaufen] den Hachinger Bach mitsamt dem [Hofanger]... an Herzog Wilhelm IV ... um 315 fl."[89]

Herzog Ludwig teilte sich die Herrschaft mit seinem Bruder Wilhelm. In ihre Regentschaft (1511-1550) fiel die Zeit der Bauernerhebungen und der Reformation: 1517 veröffentlichte Luther seine 95 Thesen, auch in Bayern wurden sie diskutiert. Im höheren bayrischen Adel fand die neue liberale Lehre viel Anklang. Die Höhenrain, der späteren Residenz der Taufkircher benachbarte, reichsunmittelbare Herrschaft Hohenwaldeck (Hauptort: Miesbach) wurde protestantisch ebenso wie die Grafschaft Ortenburg und das wittelsbachische Herzogtum Pfalz-Neuburg.

Die Herzöge Ludwig und Wilhelm formulierten auf ihrer Burg Grünwald dagegen ein „Religionsmandat", in dem sie Reformen in der Kirche verlangten, aber das Verbot der neuen Lehre festlegten. In München wurden daraufhin etliche Evangelische vertrieben oder hingerichtet.

In Taufkirchen sympathisierte Hans Plank- er hatte einen halben Hof vom Stift St. Veit zu Lehen- 1525 offen mit dem Bauernaufstand. Er wurde verurteilt zu widerrufen und bei Rückfälligkeit 300 fl zu zahlen und brachte hierfür 11 Bürgen auf.[90]

Der dritte Sohn Georg (1509-1580) entwickelte sich zu einer herausragenden Persön-

---

[88] Maximilian Prokop von Freiberg, Sammlung historischer Schriften (...), Bd. 2, Stuttgart Tübingen 1830

[89] HStA, Kurbayern Nr. 17419, zitiert nach 1200 Jahre Perlach, S. 371

[90] Helmut Rankl, Gesellschaftlicher Ort und strafrechtliche Behandlung von „Rumor" (...), ZBLG Nr.38, S. 524

lichkeit. Er war mit 11 Jahre an den Münchner Hof gekommen, wo man ihn zum Edelknaben erzog „etlich Jar". Im Wappenbuch der Familie wird dann aufgezählt: „volgend dero [des Herzogs] Hofjunkher mit den Pferten auch etlich Jar, als 19 Jar lang embsig gedient, unnder dessen 2 unnderschiedlich KheizZüg ausser vaterlannds Bayern, underschidlichen frembden orthen und Nationen, Erstens Anno 1528 des türggischen Khaisers Selim belagerung vor der Haubstat Wienn in österreich wegen Bairischem Craiß sambt anndern Adelsstands Persohnen zu Roß ..." Georg wurde also nach seiner Pagenzeit „Hofjunkher mit den Pferten", das heißt wohl, dass er für die wichtigen Pferdestallungen die Verantwortung trug.

Danach beteiligte er sich im Rahmen eines Kontingentes des bayrischen „Militärkreises" (Militärbezirks) an zwei Feldzügen - die nostalgisch noch als Kreuzzüge bezeichnet werden - wovon der erste der Verteidigung Wiens galt. Die Osmanen unter Sultan Suleyman dem Prächtigen hatten Ungarn unter ihre Kontrolle gebracht und versuchten, Wien zu erobern. Sie wurden zurückgeschlagen und ein Friedensvertrag geschlossen, der 60 Jahre lang halten sollte.

Georg war dann dabei, als bayrische Adelige unter Führung von Herzog Ludwig X mit ihren Kämpfern für Kaiser Karl V bei Nizza gegen französische Truppen um die Vormacht in Europa kämpften. Wörtlich heißt es im Wappenbuch im Anschluss an das „Wien-Abenteuer": „Anndern Zug Anno 1530 mit weilland Herzog Ludwigen und dero frtl. Hochernannten Adlsproßen aus Bayrn p. Khays. Mayt. Carl des Namens Fünften Belagerung zu Piemandt vor frtl. Stat Nissa bis zum Widerabzug dessen behart, damit alsdann sämtliche [Kämpfer] wieder zu Haus gelannget."

Georg ist zwei Mal in die Schlacht gezogen und offenbar unversehrt zurückgekommen. Er machte Karriere als Hofrat (Mitglied der obersten Justizbehörde), dann Hofkammerrat (Finanzverwaltung, Ämterkontrolle) und wurde 1569 „zum Geistlichen Rat verordnet". Das bedeutet, dass Georg für würdig befunden wurde, beim Aufbau dieser „Behörde für alle gegenreformatorischen Maßnahmen"[91] mitzuwirken.

Im 16. Jahrhundert baute man in Bayern die Staatsverwaltung aus. Vom Hofstaat mit den „Dienststellen" Hofmeister, Kämmerer, Hofmarschall, Stallmeister wurde von den Herzögen die Macht zunehmend auf den Hofrat und die neu geschaffenen Staatsbehörden Hofkammer, Geistlicher, Geheimer und Kriegs-Rat übertragen. Dabei war der Geheime Rat zuständig für die Außenpolitik und die „Familienpolitik" des Herzogshauses, tagte in der Regel unter Vorsitz des Fürsten und entwickelte sich zur weisungsbefugten, höchsten Zentralbehörde. Diese Modernisierung der Verwaltung - Bayern hatte damit eine der effektivsten Staatsstrukturen in Europa - hatte natürlich viel zu tun mit dem zunehmenden Repräsentationsbedürfnis und Geldbedarf des Herzogshofes- was fast ausschließlich zu Lasten der Bauernschaft ging. Sie stellte damals 85 Prozent der Bevölkerung. Ihr Frust hatte sich im „Bauernkrieg" 1525 Luft

---

91 Walter Goetz, Albrecht V in Neue Deutsche Biographie, Bd. 1, Berlin 1953

gemacht, der auch in Bayern vereinzelt zu „Rumor" geführt hatte.

1537 hatte Georg Taufkircher Brigitte Wager von Höhenkirchen geheiratet. Im Wappenbuch wird hervorgehoben, dass Brigitte eine Goldkette, „60 Rheinisch goltgulden wigent" mit in die Ehe brachte. Ihr Vater, Hans Wager II ist - wie sein Vater und ein Sohn - herzoglicher Jägermeister gewesen und damit Herr über die großen Waldungen im Süden Münchens[92]. Gegen 1580 wurden die Wager geadelt. Sie erwarben das Schloss Vilsheim bei Landshut. 1785 starb die Familie aus.

1544 erfolgt dann der große Einschnitt: Der junge Georg entspricht dem Wunsch seines Herrn, dem Herzog Wilhelm IV, und übergibt ihm sein Dorfgericht Taufkirchen und Westerham. Georg stellt in einem „Saalbuch" ein ausführliches Verzeichnis seiner Höfe in und außerhalb des „Gerichts" Taufkirchen und Westerham mit allen Abgaben auf. Er erwähnt, dass sein gnädiger Herr nun den Gerichtsbezirk in eine Hofmark aufgestuft hat.[93] Im Tauschwege erhält der Taufkircher die Hofmark Höhenrain: kein schlechter Tausch verfügt Höhenrain doch über 80 Höfe (s. u.), während der Taufkircher zuvor nur über 25 Höfe gebot! Das Gebiet gehört heute zur Gemeinde Feldkirchen-Westerham.

Der Landesherr hatte zuvor diese Hofmark an sich gebracht. Der Vorbesitzer, Florian Paumgartner, war (zu recht oder unrecht) der Bigamie verdächtigt worden. Der Herzog verhängte über ihn das Todesurteil, ließ ihn aber zum Kampf gegen die Türken nach Ungarn entwichen - wo Paumgartner gefallen ist - und übernahm dafür den Besitz.

Aus dem Kloster Tegernsee stammt eine ausführliche Beschreibung der Hofmark von 1600.[94] Darin ist über sie zu lesen: „Hat vor Zeiten und vielen langen Jahren nach Ausweisung brieflicher Urkund und der Hofmarchgemein (Gemeinde) und derselben Inwohner anzeigen das Malefiz- und Hochobrigkeit (Hochgerichts- und Verwaltungshoheit), so am Perg oder Leütten (Berghang) zwischen der Aynöd Pubß und Niederlauß offnen Schrannen Recht gehalten worden, gehabt". Das heißt offenbar, dass auf einem Hang bei Niederlaus unter freiem Himmel- neben der dortigen Richtstätte, dem Galgen!- Gericht gehalten wurde. Wiedemann (s.u.) schreibt, dass der Herzog das Hochgerichtsrecht jetzt einzog und zukünftig auch Scharwerk verlangte.[95]

1577 einigte sich Georg mit Herzog Albrecht darauf, die Hofmark Taufkirchen zurückzukaufen! Der Kaufvertrag ist aber „bald aufeinander ervolften tödlichen ableibens Halber [beider Männer] unvolzogen verblieben."

In der Beschreibung der Hofmark Höhenrain des Klosters Tegernsee aus dem Jahr 1600[96] wird diese sehr gelobt (Hatte man Kaufinteresse?). Es heißt darin: „Die Hofmark sei „luftig auch ziemlich hoch mit weitem Aussehen gelegen ... mit lebendigen Wassern und anderen dergleichen Notürften gelegentlich versehen." Es gäbe dort „ein ziemlich

---

92 Hans Stingl (Hrgb), Höhenkirchen, Chronik eines Dorfes, Gem. Höhenkirchen-Siegertsbrunn 2002

93 Salbuech vmb Taufkirchen vnd Westerhaim, HStA, Kurbayern Urk. 24516

94 HStA, KL Tegernsee, 144 ½, S. 35, zit. nach Stefanie Kiermair, „Thal"

95 Theodor Wiedemann, Geschichte der Hofmark Höhenrain in Obb. Archiv, 8.Band, München 1847, S. 145ff

96 HStA, Klosterliteralien Tegernsee KL144

(geziemend) erbautes neues Schloß ... darin vier kleine und große Stuben, 6 Kammern, 2 Zörgäden[97] oder Gewölb, 2 Weinkeller darauf 3 unterschiedliche Traidkästen. Item ein zweigädig Priesterhaus, darin ebenmäßig zwei Stuben und drei Kammern samt einer Badstuben, zwei Bachöfen nebeneinander und Dörren darauf. Gegenüber inwendig Stallung für 2 Pferd, zweigädigen Turm drin in Mitten eine Stube ... 2 Kammern ... alles ... mit zwo seitten Ringksmauern um- und eingefangen und bewahrt. Auswendig ... ein baufälliges Pfleghäusl. Strack gegenüber Pferd- und Viehstallung ... Zwei Baumgärten darin ... Pirn- und Apfaltenbaum über 300 außer anders ungezählts Steinobst und Früchten sehr ... Auch luftigen Gras- und Heygart ... Gleichfalls das Wirtshaus und Tafern[98] ..."

Abb.: Die Hofmark Höhenrain aus der Vogelperspektive

---

97 Zehrgaden = Vorratsraum
98 Taferne = Beherbergungsbetrieb

„Im selben Dorf eine luftige weite wohlerbaute Kirche, dem St. Michael dediziert ... einen feinen Gottesdienst. Daneben ... auch 4 Gotshäuser als im Dorf Vorderhöhenrain (heute Kleinhöhenrain) ... unsere Lb. Frauen zu Elendskürchen, mehr St. Veicht zu Niderlaus, auch St. Peter zu Hofperg, allda ebenmäßig ein gefreiter Edelmannsitz ... vorhanden." Es gibt zahlreiche Gewässer darunter „Schnaid- und lauspach darin 29 Vischsorthen ... der Weiher zu Niderlaus bei 24 der andere zu Niederstetten bei 12 Tagwerch groß." Man findet: „nützliche Wismahde, Grünnde und Anger, an Holzwuchs feichten, tennen, lerchenholz, an Weidwerch Jagden auf Klein- als auf Großvogel, Fuchs, Hasen, Reh, Wildsau, Marder, Dachs und dergleichen."

Die Ausmaße des „schönen Hofmarkgezirk: ungefähr 1 Meile lang (ca 7,4 km), eine Halbe breit ... darin ziemlich Güter und Bauern, unter welchen etliche ohne Beschwerde fugsam Höherung ihrer Lasten wohl erleiden und ertragen mögen (!),

eine ziemliche [militärische] Mannschaft in den unterschiedlichen Hauptmannschaften als Oberstetten, Laus, Höhenrain und Ried ...

Güter und Inwohner anderer Grundherrschaften angehörig, aber der Hofmarchsherrschaft mit aller hofmarchlich niedern Gerichtsbarkeit unterworfen sind 21.

Mer in anderen 4 Gerichten (Bezirken) ... kleine und große gelegene einschichtige Güter... in 3 unterschiedlichen Pfarrn der Hofmarchherrschaft laut Zehentregister 27 zehentbar und den Zehent zum Schloß ... zu führen schuldig sind."

Die Hofmark hat „ein ziemlich Einkommen: 200 fl Gült, dazu bis 100 fl allerlei Traidzehent ... als Weizen 4 Scheffel, 5 Mezen, Roggen 41 Sch, 3M, Gerste 3 Sch, Haber 48 M zu stiften" (zusammen rund 8,5 t Getreide).

„Küchendienst ... zusammen 2.867 Eier, 100 Hähne, 27 Hennen, 28 Gans, 1 Großsau, 3 Ferkel, 2 Butter-, 18 Brotlaib, 21 Käs, 100 Pf Schmalz, 100 Obstbansen, 100 Pf Flachs, 1 Fuder Heu und vier Fuder Stroh. Von den außer der Hofmarch entlegenen Untertanen von jeglichem für Scharwerksgeld für alle einen Gulden bishero genommen ist, kann jetzt 2 fl eingefordert werden (!) und ein jegliches Haus zwei Pf Flachs zu spinnen."

Der Bericht über die Hofmark schließt mit einem Stoßseufzer in Form einer „Nota: Zwei Güter, so Halblechen[99] in Ellentskürchen, Herrn Ludwig von Mechslrain zugehörig, derohalben meine Püben und Söhne vor Gott dem Allmächtigen um Gnade zu bitten Ursach haben auf daß sie dieselbe lange Zeit mit Ruh und Einigkeit müssen auch mit ihnen behalten mögen. Denn dieserhalb mißgünstige und unbillig neidtragende Leute würden genug vorhanden sein, welches solches augenfällig ist. Aber Gott will uns sämtlich vor ihnen und ihresgleichen mit Gnaden bewahren. Amen." Der Herr Georg und seine Söhne haben also Streit mit dem Herrn Ludwig und seinen Leuten; Einzelheiten sind nicht bekannt.

Der Schlossherr von Höhenrain konnte etwa 450 Tagwerk oder 150 Hektar Grund sein

---

99 Halblehen = Halber Hof, Hube

eigen nennen.[100] Jeder Hof musste also knapp 40 Eier liefern: das ist die übliche Größenordnung bei „halben Höfen" (Huben). Zwei Abgaben der Bauern der Hofmark Höhenrain lassen sich mit denen des Klosters Tegernsee in den Gerichten Holzkirchen/ Warngau vergleichen[101]:
- Höhenrain erhält 200 fl Pacht und 2.867 Eier,
- Holzkirchen/ Warngau geben 213 fl u. 10.131 Eier (Bei den Eiern also 3,5 Mal so viele; wobei für den Vergleich die Zahl der Höfe fehlt.)

In einer Übersicht des „Landtgerichts Aibling" über die „Hofmarken und Sitz" aus dem Jahr 1606 heißt es zu Höhenrain „Schloß und Hofmarch ligt unwidersprechlich im Landtgericht Aibling, würd für ein beschlossenes Hofmarch (geschlossene Hofmark) gehalten, haußt der Zeit Georg Hainrich von Taufkhürchen (ein Enkel des Georg Taufkircher) alda ... Taufkhürcher geprauscht sein Hofmarchsgerechtigkheit und Nidergerichtliche Obrigkheit, allein was malifitzich und Vizdombisch ist, würdt in das Landtgericht gezogen."[102] Das heißt die Taufkircher verwalten und richten unabhängig in ihrer Hofmark, nur Blutgerichts- und Grundstücksfälle werden vom Landgericht in Aibling behandelt.[103] Verfahren und Urteile des Niedergerichts Höhenrain sind leider nicht überliefert. Lediglich ein Schandpfahl an der Friedhofsmauer erinnerte lange Zeit an das Hofmarksgericht.

Seit dem 9. Jahrhundert existierte in Großhöhenrain ein Adelssitz. Offenbar war die Hofmark bei der Übernahme wirtschaftlich in so gutem Zustand, dass die Taufkircher sogleich einen Schlossneubau errichten konnten. Das Schloss wird im Verzeichnis des Bayerischen Landesamtes für Denkmalpflege (LfD) so beschrieben: „Hauptbau drei- und viergeschossig mit Steilwalmdach und Erkertürmen mit Zwiebeldächern, im Kern [errichtet] 1545, um 1725 und 1760 barocke Ausbauten, Nebengebäude 19. und 20. Jahrhundert."

Zurück zum Hofmarksherrn: Im Wappenbuch heißt es Georg sei anno 1580 „seligelich gestorben" und in Höhenrain „in St. Michaels Gotshauß seinem Stand nach begraben worden." Es wird resümiert, Georg hätte im Leben „ansenliche Hofämter und Dienste ohne Unterbrechung auf 60 Jar [versehen] darunter nach ausgestandener leib und lebensgefahr Pestis Infection Anno 1563 und 72". Und er habe „statliches vermügen hinterlassen."

In der Kirche erinnern noch heute einige aus Marmor schön gestaltete und gut erhaltene Reliefs an einige der Taufkircher. Sie stammen aus den Jahren 1547 bis 1612. Außerdem befindet sich im Altarraum der Kirche noch der Grabstein des früheren Hofmarksherrn Christoph Hechenrainer, gest. 1452. Er ist einer der letzten Herren gewesen,

---

100 Helmut Loose, In Höhenrain zu Hause, Aufsatz 1994

101 A. Wessinger, Kaspar Aindorfer, Abt in Tegernsee, S. 238

102 HStA, Kurbayern Geheimes Landesarchiv 1006, Aibling 3. Band, Fol. 208

103 Lt. Hist. Atlas Bay. Altbayern Band 17, S. 213 wurden „die einschichtigen Güter ... erst 1631 in die Hofmarksgerichtsbarkeit eingeschlossen, als die Höhenrainer Herren die Edelmannsfreiheit erhielten."

die sich nach Höhenrain benannt hatten, ehe der Besitz in andere Hände geriet.
Auf den Gedenksteinen der Taufkircher sind verewigt:
- Veronica geb. Kölderin von der Hoch und Wispach (Ehefrau des Hainrich von Taufkirchen) gest. 1547
- Georg von Taufkirchen zu Höchenrain, gest. 1580
- Hanns Hainrich von Taufkirchen, gest. 1600, und Ehefrau Khaterina Kutschee zu Ölkouen, gest. 1604
- Johannes Baptist von Taufkirchen und Hechenrhain zu Büburg, gest. 1612.

Mit dem Dorf Thal, das nahe bei Großhöhenrain liegt, aber eine eigene Hofmark bildete, hat es seine besondere Bewandtnis: Hier ließ Herzog Ludwig 1258 ein Kloster gründen als Buße, da er seine Frau Herzogin Maria von Brabant grundlos der Untreue verdächtigt hatte und hinrichten ließ. Die Mönchsgemeinschaft zog nur 2 Jahre später (mit zwei Zwischenstationen) nach [Fürstenfeld-]Bruck.

Was wurde aus der Hofmark Taufkirchen? Im HH schreibt Pfarrer Hobmair: „Am 1.2.1560 überträgt Herzog Albrecht seinem Kanzler Dr. Simon Egckh [der jüngere Stiefbruder des Theologen Eck, der mit Luther disputierte] die Nutzung der Hofmark Taufkirchen" Das bedeutete „den Gebrauch und die Nuzung des Sizs (Herrenhaus) und der Baumgärten, des Fischwassers, der Hofmarkshändel und Strafen", also die Verfügung über die Strafgelder, die er oder sein Hofmarksrichter verhängten; ferner durfte Eck die Abgaben der Bauern für sich verbrauchen.

Herzog Albrecht hatte die Jesuiten 1559 nach München gerufen, um hier ein mustergültiges Gymnasium (als Vorstufe für ein Universitätsstudium) zu errichten und zu betreiben, da er die zunehmende Bedeutung höherer Bildung für den Staat erkannt hatte.

Der Herzog erweiterte die Hofmark um die auch heute noch dazugehörenden Ortsteile Er verkaufte sie 1592 an die Sozietät Jesu, die sie bis zum Verbot des Ordens im Jahr 1773 verwaltete und wo sie durch den Hofmarksrichter Recht sprachen. 1781 – 1808 war der adelige Malteserorden Hofmarksherr. Ihr Verwalter war zeitweise Graf Josef von Taufkirchen (1752- 1843). Er ist bayerischer königlicher Rat und Kämmerer gewesen. Er stammte von der Englburg bei Neukirchen vorm Wald aus dem Geschlecht Taufkirchen-Guttenburg-Engelburg (Wappen Blau und Rot mit silbernem Pfahl). Im HH wird der Graf fälschlich als Nachkomme der hiesigen Taufkircher bezeichnet.

Georg Taufkircher besaß 1563 noch Zehentrechte von zahlreichen Anwesen in der „Ober Hächinger Pfarr". Er gab sie an den „fürstlichen Überreiter auf Perlacher Haid"[104] Georg Schefftmair in Furth. Dieser tauschte diese Rechte mit Bischof Moritz in Freising gegen Zehentrechte in Furth.[105]

---

104 Überreiter = Forstbeamter im Rang zwischen dem Jägermeister/Forstmeister und dem Förster.

105 Meichelbeck, II. Band, S. 363

Abb.: Grabplatte für Hans Hainrich und Ehefrau Khaterina Kutschee, St. Michael in Höhenrain

Die Kinder des Georg Taufkircher zu Taufkirchen und Höhenrain

Georgs (II) Nachkommenschaft zählt 10 Köpfe, wobei 5 Kinder früh starben. Im Wappenbuch wird vorgestellt: der „eltiste Sohn, Hans Hainrich, welcher Ao 1539 an Sant Leonhardtstag, den 6. November, zu München geboren Vaterlands Bayern, auf väterlicher Unterhalt erstlich auf 3 underschidlicher Inner und ausser Teitschlandt frembter Lannden und Nationen Universiteten als Ao 1553 zu Ingolstat in Bayern 5 Jar, Ao 1558 zu Burgiß in Frankreich 4 Jar, Ao 1563 zu Padua in Italien bei ainem Jar lanng Jura Studierend ... volgent 1564 im January Herzog Albrecht in Bayern Hofrat zu München khommen, den er 5 Jar lanng embsig besucht, nach Herzog Wilhelms, als Herzog Albrechten eltisten Sohn in Bayern, mit Herzogin Renata von Lottringen und Par p. gehaltene Hochzeit zu München[106] ... so hernacher frtl. Bayer. Salzmair (Chef der Saline) zu Reichenhall worden."

Dem Adel, der traditionell die herzogliche Beamtenschaft stellte, erwuchs Konkurrenz durch gut ausgebildete junge, städtische Patrizier und Universitätsabsolventen. Auch wurde im Adel die (sehr teure) Studien- und Kavaliersreise ins Ausland populär. Daher schickte man Hans Heinrich II als jungen Mann zunächst zum Studium nach Ingolstadt, dann nach Frankreich und Italien.

1472 hatte Herzog Ludwig der Reiche von Niederbayern die Hohe Schule zu Ingolstadt gegründet. „Bis zum Dreißigjährigen Krieg gehörte Ingolstadt ... zu den fünf großen deutschen Universitäten mit mehr als 400 Studenten."[107] War der Studienbetrieb zunächst durch die mittelalterliche Scholastik geprägt, so strebte man bald humanistische Bildung an. Von der italienischen Renaissance herkommend setzte sich ein neues Weltbild durch, das den Menschen als eigenständiges, verantwortliches Wesen ansah. In den Jahren nach 1520 entwickelte sich Ingolstadt „zu einer Art Anti-Wittenberg" (Riedl-Valder), zu einem Bollwerk des Katholizismus. Ab 1550 übernahmen nach und nach die Jesuiten den gesamten Lehrbetrieb.

Hans Heinrich wurde nach seinem Studium sogleich in den Hofrat übernommen und nach nur 5 Jahren mit der Salinenverwaltung in Reichenhall betraut. Zwei Jahre lang war er auch Hofmeister der Nebenresidenz in Landshut.

Zu Beginn des 16. Jahrhunderts hatte Herzog Albrecht der Weise die „Primogenitur" festgelegt: Der erstgeborene Prinz solle zukünftig das unteilbare Bayern regieren. Landshut war neben München nun nur noch „Bezirkshauptstadt" für Niederbayern und nicht mehr Regierungssitz. Die Burg Trausnitz wurde aber mit viel Aufwand und Geschmack zum Schloss umgestaltet und erlebte den Auftritt erlesener Künstler und rauschende Feste.

Hans Heinrich übernahm auch noch 16 Jahre lang die Aufgabe des Pflegers (Richters und Verwaltungschefs) der Auerburg bei Oberaudorf am Inn. Die Auerburg war eine

---

106 Eine Prunkhochzeit, die 194.000 Gulden gekostet hat.

107 Christine Riedl-Valder, Aventius, Pionier der Geschichtsforschung, Verlag Friedrich Pustet, Regensburg 2015, S. 26

wichtige Grenzfeste gegen Tirol. Sie wurde im 18. Jahrhundert zweimal von Österreichischen Truppen berannt und schließlich völlig zerstört.

Abb.: Die Auerburg bei Oberaudorf nach einer Skizze von Philipp Apian

1570 heiratete Hans Heinrich II die Katherina Kutscher zu Ellkoven. Die Familie bewohnte ein heute noch vorhandenes Schloss in Ellkoven, heute Ortsteil von Grafing[108]. 1582 hielt Kaiser Rudolf II einen Reichstag in der damaligen Weltstadt Augsburg. Es war der letzte in Augsburg; ab 1663 tagte der „Immerwährende Reichstag" außer in Notfällen in Regensburg. Es wurden Religionsfragen besprochen und neue Mitglieder in den deutschen Fürstenrat aufgenommen, aus Bayern die Häuser Schwarzenberg, Thurn & Taxis und Fugger. Hans Hainrich Taufkircher gehörte zum kaiserlichen Gefolge - allerdings nur „bis auf sein erschwachen aus erlitenem Fahl mit ainem Pfert."

Es gibt keine Nachrichten darüber, wie die Taufkircher ihre Untertanen behandelt haben. Nur ein einziges Mal lüftet sich der Schleier. Der Reichtum der Familie war wohl in kurzer Zeit sehr geschrumpft (s. unten). Und die Untertanen wurden unzufrieden; der Cooperators Johann Hartmann im nahen Kirchdorf - St. Michael in Höhenkirchen gehörte als Filiale zu jener Pfarrei - hielt es für angebracht, die Herrschaft von der Kanzel herab zu kritisieren. Der Hofmarksherr, wehrte sich energisch gegen die Attacke. Er meldete empört, Hartmann habe in einer Predigt gesagt: „Sy, die von Adl, wären Schindfincher und paurnschinder. Sy seien die Kirchenräuber und Gozdib." Hartmann habe „unverschamt fürgeben dörfen, die Steyr, so man Türkkhenhilf nenne [eine Reichskriegssteuer], werde an schön leben, Hoffarth, essen und Trinkhen verwendet."

Hans Hainrich verklagte den Kleriker bei der „Geistlichen Regierung" in Freising. Allein

---

108 Ein Vorfahre der Katherina, Hillebrand von Kutscher, war 1529 Pfleger des Gerichts Rosenheim, s. Carl O. Renner, Pankraz von Freyberg zu Hohenaschau, Escoraverlag, Prien 1989, S. 209

unter Adeligen in jenem Gericht konnte das Verfahren für den Dorfpfarrer nur schlecht ausgehen: Ein bischöflicher „Receß" entsetzte Hartmann des Amtes und zwang ihn zur Abbitte.

Ab 1500 wurden in Bayern von Aventinus und anderen die ersten ausführlichen Landes- oder Fürstenchroniken geschrieben. Antriebe für diese Arbeit waren regelmäßig, die Verdienste des Adels u. die Verbundenheit der Herren mit ihren Territorien herauszustellen.

Herr Hans Heinrich verspürte offenbar den Wunsch, sich hier einzureihen und beauftragte den Aiblinger Kunstmaler Steffan Ebersberger ein Wappenbuch anzulegen. Das Buch ist in den Jahren 1593-1600 entstanden (eine Soldquitung von 1639 wurde später beigefügt).

Es enthält neben erläuternden Texten liebevoll und kunstsinnig gestaltete (inhaltlich aber nur teilweise stimmige) Darstellungen des Familienstammbaums, der Wappen der Taufkircher und ihrer Ehefrauen und eine Art Vogelschau über das Herzstück der Hofmark Höhenrain. Es ist das einzige erhaltene Dokument aus dem Hausarchiv der Hofmark. Das Übrige ist während der häufigen Besitzerwechsel verloren gegangen und zwar wohl erst im 19. Jahrhundert; 1847 hat Dr. Theodor Widmann, ein Lehrer am kirchlichen Seminar in Freising, noch Archivalien der Taufkircher zitieren können.

Im Wappenbuch ist das Ehepaar Hans Heinrich Taufkircher und Katherina Kutscher jedenfalls in aller Pracht dargestellt. Zu einem Bruder des Hans Heinrich heißt es in dem Buch: „Hans Georg, vilbemelts Geörgen Taufkhürchers seligen anndern Sohn, Ao 1541 den letzten Marti zu München geboren, ist anfangs siben Jar langs an der Univörsitet zu Ingolstat in Bayern und sovil Jar zu Leoven in Brabant als Nider Teutschlandt (sic) beder orthen 14 Jar lang auf väterliche unterhaltung wol studiert gewesen, von dannen 1566 anhaimbs abgefordert worden und Ao 1567 an Bischof Ernsten zu Freising, Herzog in Bayern, Hofrat und Cammerer (Kämmerer) alda worden. Hat 6 Jar lang daran rhiemblich gedient und Ao 1572 dabei als verlübter [vereidigter Vertreter?] an frtl. Hof zu Rhom seligelich gestorben. Ligt in Sant Peetri Lateranesis, dem löblichen Teutschen Nationalkhürchen aldort begraben."

Herzog Ernst in Bayern (1554-1612), Bruder von Herzog Wilhelm V, war Fürstbischof von Freising, Hildesheim, Lüttich, Münster und Köln. Er lebte eheähnlich mit Gertrud von Plettenburg zusammen. Sein Vorgänger in Köln war Protestant geworden. Nach kriegerischem Streit wurde Ernst an seine Stelle gesetzt, die da nach immer Brüder der Wittelsbacher Herzöge übernahmen.[109]

„Johann Babtist", so fährt das Wappenbuch fort, „dritter Sohn, welicher Ao 1548, de 23. Marti zu München geborn, ist alters bei 12 Jarn, Ao 1564, mit dem Edlen Herrn N. vonTiepperskhürch [Dieperskircher, heute Lippertskirchen bei Bad Feilnbach], Adel Standts aus Bayern, als Khaisl. Maytl. in Polln Silber Cammerer an weilland dero Frau

---

109 Die Liste der Freisinger Bischöfe in Wikipedia

gemahl Katarina in Polln, geborene Khünigin zu Unngern und Behaim auch Herzogin von Osterreich, anfencklich Edl Khnabens weiß [am Hof] in dero Khüniglichen Hauptstatt Ratumb im Großfürstentumb Lüttau 5 Jar, nacher Truchsess zu Lintz in Österreich 2 Jar lang biß auf dero Christlich ableiben aldort, Siben Jar lanng [gewesen].
Volgend 1573 Bischoven Urban zu Passau, adelichen Geschlechts zu Thrennpach, [als] verlübter Cammerer und HofJunker mit den Pferden 18 Jar lang gedient."

Johann Baptist kam also mit 12 Jahren an den Hof der Frau des polnischen Königs, der Herzogin Katarina von Österreich, wo er 5 Jahre lang erzogen wurde. Dann diente er ihr zwei Jahre lang als Truchsess in Linz. Es folgten 7 Jahre, in denen er als Kämmerer und Stallmeister am Bischofshof in Passau arbeitete.

Abb.: Hans Heinrich Taufkirchen II und Ehefrau Katharina. Zeichnung von Steffan Ebersberger

Katarina von Österreich war 1553 polnische Königin geworden, als sie König Sigismund II heiratete, der neben Polen auch über Litauen gebot. Es war seine 3. Ehe. Als auch diese wieder kinderlos blieb, trennte sich das Paar und Katarina verbrachte die Jahre bis zu ihrem Tod 1572 im heimatlichen Linz.

Abb.: Epitaph mit Darstellung des Hans Heinrich mit Ehefrau Katarina und Kindern, St. Michael in Höhenrain

Laut Stammbuch erhielt Johann Baptist aufgrund eines Todesfalles fünf Anwesen zu Biberg bei Beiharting zugesprochen.[110] 1600 bestätigt Johann Babtist dem bischöflichen Gericht in Freising, ihm seien „die 2000 Gulden Capital und 800 Gulden ausstendiges interesse (Zins) bezahlt wordten." Wenn man annimmt, dass ein Gulden 200 € entsprechen, ist also insgesamt von 560.000 € die Rede. Das Geld stammte von der verstorbenen Witwe Veronica Eresing, geb. Taufkircher, einer Tante des Johann Baptist, das das Hofgericht Freising offenbar erst nach einigem Hin und Her dem Erbberechtigten ausgehändigt hatte.

In der Kirche in Großhöhenrain erinnert eine Grabplatte an den Taufkircher mit dem Text: „Hier liegt begraben der Edle und Gestreng Herr Johannes Baptist von Taufkircher und Hechenrhain zu Büburg, welcher den 16. Juni Anno 1612 zu Gott entschlafen ist, dem Gott eine friedliche Auferstehung verleihen möge Amen."

Dabei fällt auf, dass die andern Taufkircher als „edel und fest" Johann Baptist aber mit dem „höheren" Prädikat „Edler und Gestrenger Herr" bezeichnet werden. Reinhard Heydenreuter schreibt dazu, dass im 16. Jahrhundert eine Inflation der Titel zu beobachten gewesen sei und dass dann aber mit einem Mandat des Landesherrn dem alten Adel 1669, dem die Taufkircher wohl zuzurechnen sind, die Anrede „Wol-Edl und Gestreng" offiziell genehmigt wurde.[111]

Baptist hatte mit seiner Frau Margareta von Haunsperg (Salzburger Land) zwei Töchter. Anna Maria heiratete 1608 Herrn Albrecht von Thor zu Eurasburg (Beuerberg). Die Thorer zählten seit dem 13. Jahrhundert zu dem bayrischen Hoch- oder Turnieradel. Ihnen gehörte Burgschloss und Hofmark Hornstein bei Deining[112]. „1322

---

110 Manfred Schaulies, Archivleiter des Historischen Vereins Bad Aibling, berichtet dagegen, die Taufkircher hätten 1590 fünf Anwesen zu Biberg bei Beiharting von der Rosenheimer Familie Scheuchenstuhl gekauft. Im Historischen Atlas Bayern, Heft 17, Landgericht Aibling, sind diese Höfe nicht verzeichnet. Wurden sie wieder verkauft?

111 Reinhard Heydenreuter s. u.

112 Die Burg Hornstein ist in der Bayerischen Landtafel des Philipp Apian von 1568 verzeichnet

kam Eurasburg samt Zubehör (einschließlich der Beuerberger Vogtei) durch Heirat an die Torer von Hornstein, die hier in der Folge eine neue Linie begründeten."[113] Die Torer besaßen mehrere Güter im Hachinger Tal, von denen sie eines 1288 und eines 1319 an das Kloster Schäftlarn, dessen Vogt sie waren, und 1341 eines an das Kloster Diessen übereigneten.[114]

Von der zweiten Tochter wird berichtet: „Ein spektakulärer Fall ereignete sich ... im Jahre 1616, als die adelige Maria von Taufkirchen zu Biburg von einem getauften Türken, einem gewissen Hans Christoph Weissenburger, ein Kind bekam. Die Mutter wurde verhaftet und in das „Grafenstübchen" [das Gefängnis der Adeligen] nach München gebracht. Als man sie schließlich ... wieder entließ, wurde sie gebrandmarkt: man untersagte ihr „allen weiblichen adeligen Schmuck" und verbot ihr die „öffentlichen ehrlichen Zusammenkünfte."[115]

Im Wappenbuch beginnt dann der nächste Absatz: „Wilhelm Taufkircher, vierter und jüngster Sohn [des Georg], Ao 1553 Sommerszeiten zu München geboren und durch Herzogen Albrecht [V.] in Bayern elsten Sohn Wilhelm [V.] aus der Tauff gehebt, auch nach Wilhelm nachgenannt worden, ist Ao 1567 gleichfals Paterna in pensa[116] erstlich zu Ingolstat in Bayrn studiert [gewesen]". Danach folgte die kostspielige Studien- und Kavalierstour, die den jungen Mann nach Wien und Rom führte. 1572, als sein Bruder Hans Georg starb, kam Wilhelm an seiner Stelle an den Hof des Fürstbischofs Herzog Ernst (s. oben). Er wurde innerhalb von fünf Jahren Hofjunker, Truchsess und Rat.

Wahrscheinlich 1581-82 begleitete er den Freiherrn Ferdinant von Schönacher aus Österreich und den „Edl und gestrengen Herrn Faust Dietrich von und zu Hochen Rechperg" in Schwaben auf eine Pilgerreise per Schiff nach Palästina.

1291 war mit der Stadt Akkon Palästina für die christlichen Kreuzfahren endgültig verloren gegangen.[117] Aber Pilgerreisen blieben möglich. „Die Pilgerfahrt ins Heilige Land war, vor Rom und Santiago de Compostela, die weiteste, beschwerlichste und abenteuerlichste, wenngleich beliebteste der drei bedeutenden christlichen Wallfahrten. Wohl organisiert, entwickelte sie sich im 14. und 15. Jahrhundert beinahe zu einer Massenbewegung. So werden Schiffspassagen mit über 100 Pilgern beschrieben ...

Nachdem man sich beim Papst die Erlaubnis zur Wallfahrt erbeten hatte, bezahlte man bei einem Reeder in Venedig die Hin- und Rückfahrt mit Verpflegung. Fast die ganze Adria, der Peloponnes und Kreta waren bis Ende des 15. Jahrhunderts unter venezianischer Herrschaft, außerdem besaß die Lagunenstadt Handelsniederlassungen

---

113 Rambaldi, Eurasburg zit. nach Maria Sagstetter, Hoch und Niedergerichtsbarkeit im spätm. Hzt. Bayern, Beck 2000

114 HH, S. 55

115 HStA, Kurbayern Hofrat 130, Bl. 20, 54, 85 zitiert nach Reinhard Heydenreuter, Zur Rechtsstellung des landsässigen Adels (...) in Adel und Adelskultur in Bayern, Verlag C. H. Beck, München 2008

116 Paterna in Pensa = „Wichtiges vom Vater" das heißt wohl Adelsgeschichte?

117 Joachim Ehlers, o a O

in den wichtigsten Städten Ägyptens und der Levante. Das Heilige Grab wurde von Franziskanern verwaltet, die sich den Ritterschlag von den Pilgern teuer bezahlen ließen."[118]

Gegen entsprechendes Honorar schlugen also die Franziskanerherren in der Grabeskirche Wilhelm zum „Ritter des heiligen Grabes" (und damit gibt es jetzt tatsächlich in der Familie der Taufkircher einen Ritter!).

Der päpstliche Orden vom Heiligen Grab in Jerusalem hat heute 28.000 Mitglieder (Ritter, Damen und Geistliche), 1400 in Deutschland. Der Orden unterstützt zahlreiche katholische Einrichtungen, die sich für Christen in Israel, Palästina und Jordanien einsetzen. Chef ist der Großmeister in Rom, deutscher Großprior derzeit Kardinal Reinhard Marx. Der Orden wird zurückgeführt auf den Chorherrenorden des 1099 gegründeten Domkapitels des Patriarchats von Jerusalem unter dem Kreuzfahrer Gottfried von Bouillon.

Wilhelm ist in Freising gestorben und wurde in der Stadtkirche St. Georg beigesetzt. Sein Grabmal trägt die Inschrift: „Den 9. Mart: 1629 ist in Gott verschieden der Woledl Gestreng Herr Wilhelm von Taüffhirchen und Hechenrain, Ritter deß H: Grabs Chürfrt: Bischoüel: Rath alhie Zü Freysing, deme Gott genad."

1580 beim Tod des Vaters Georg, lebten von den 10 Kindern nur noch drei Söhne und eine Tochter. Aufgrund ihrer „väter- und mütterlicher Erb[an]sprüch" erhielt jeder von ihnen 1600 fl ausgezahlt. Die jüngeren Brüder waren aber mit dieser großzügigen Lösung noch unzufrieden. Nach langem Streit kam es 1591 zu einem Vergleich, wonach Hans Baptist und Wilhelm die stolze Summe von 14.000 fl von Hans Heinrich und seiner Ehefrau Katharina Kutscher erhielten.[119]

Wobei die Hofmark 1502 und 1507 für nur 8.600 bzw. 8.700 fl jeweils den Besitzer gewechselt hatte![120] Durch die hohen Zahlungen wurde das Hausvermögen des Geschlechtes der Taufkircher offenbar nachhaltig geschädigt.

Ein weiteres Zitat aus dem Familienbuch beginnt: „Brigita, vielbemelts Geörgen Taufkhürchers einige (einzige, lebende) Dochter, welche 1548 zu München den 14. Febr. geboren, Ist alters im 23 Jar auf Landfürsten Albrechten in Bayern pp ernstlich vielfeltigs begern, Ao 1570 ... anfencklich wider der Eltern willen, Emanuele Welser zue unnder Meuthing als dero frl. Hofrath zu München ... verheurat."

Welche Bedenken die Eltern zunächst gegen die Verbindung ihrer Tochter mit dem Welsersohn hatten ist klar: kostete sie doch die Hochzeit an Erbgut und Aussteuer über 9.000 fl.

Die Welser und die Fuggern hatten Weltpolitik gemacht und 1519 mit reichlich Beste-

---

118 HdBG, Adel in Bayern, Katalog zur Bay. Landesausstellung 2008, S.47
119 HStA, Beschreibung der Hofmark Höhenrain, KL Tegernsee 144 ½ S. 35, zit. nach Stefanie Kiermair „Thal"
120 Stefanie Kiermair, „Thal", S. 29

chungsgeld dafür gesorgt, dass der Habsburger Karl Kaiser des Heiligen Römischen Reiches wurde. Aber der märchenhafte Reichtum der Welser war zusammengeschmolzen. In einem Zeitungsartikel berichtete im Jahr 2011 Georg von Welser über seine Augsburger Kaufmannsfamilie: „Der Niedergang begann mit dem Rücktritt Kaiser Karls V [1556]; es herrschte Inflation, Ende des 16. Jahrhunderts kamen die Staatsbankrotte von Spanien und Portugal, Kredite wurden nicht mehr bedient."[121] 1614 gingen daher die Handelshäuser der Familie in Konkurs.

Brigita gebar sieben Kinder- und starb „nach der Niderkhunft aines Maidls als leczten Khindts" namens Stolastica mit nur 39 Jahren. Auch zwei Kinder starben früh. 1599 lebten noch der Hauptmann Wilhem Geörg, der Konventherr Phillip Welser, die Klosterfrauen Jakoba und Renata und die dann 12-jährige Stolastica. Emanuele Welser starb in jenem Jahr in Prag.

Abb.: Epitaph des Grabesritters Wilhelm Taufkircher, Stadtpfarrkirche Freising

---

121 Süddeutsche Zeitung vom 17.10.2011, S. R 15

Die Kinder des Hans Heinrich II

Hans Heinrich und seine Frau Katharina Kutscher bekamen acht Kinder. Darunter waren drei Mädchen: als das Kind Sophia gestorben war und dann wieder ein Mädchen geboren wurde, erhielt es den gleichen Namen. Aber auch diese Sophia starb bald ebenso wie die Söhne Wilhelm II und Cristoff.

Von Brigitte, dem dritten Mädchen, ist nur überliefert, dass es 1571 geboren wurde und mit 25 Jahren - mit 3000 Gulden Aussteuer versehen - Sigmund Münch von Münchhausen bei Kloster Aldersbach nahe Vilshofen heiratete.

Im Wappenbuch der Taufkircher ist zu lesen: „Grester und eltster Sohn, Namens Georg Hainrich, so Ao 1577, den 18. January Im frtl. Grainzpflegschloss Auerburg[122] geboren, ist anno 1596, alters im 19. Jar, aus eigner bewegnus und seiner Eltern Willen, sambt einem Jungen (= Junggesellen) , Baltl: Rueder genannt, ins christlich Khaiserliche Veldlager, wider den Erbfeind den Turggen zubesuchen in Ungern gewesen,

erstlich nach verbrennung der Vestung Hatuan (Mittelungarn), volgend bei fürgangener laidiger Niderlage der Innsern bei Erlaw (Erlau = Eger/Ungarn) in der flucht ... ohne Unndergestelt 5 Monat beeder orthen gewesen,

daraus Ao 1597 im January, ain Khnie des gerechten Schenkhls schadhaft, zu Ross samt dem bemelten Jungen wider zu Hauß gelangt."

Nach sechs Jahrzehnten friedlicher Koexistenz zwischen Österreich und der türkischen Oberhoheit in Ungarn führte Kaiser Rudolf II von 1593- 1606 mit wechselndem Glück Krieg gegen die Osmanen, diesmal mit deutlicher Unterstützung aus dem ganzen Reich. Letztlich endete die Auseinandersetzung jedoch unentschieden.

Georg Heinrich, der Hofmarksherr wurde, heiratete Renata von Thor in Eurasburg (zur Familie s. oben). Er verstarb im Jahr 1620 - da hatte der Dreißigjährige Krieg (1618-1648) schon begonnen.

Hildeprant IV, der 2. Sohn des Hans Heinrich, geboren 1582, hat fünf Jahre lang auf dem Gymnasium der SJ in München „studiert".

„Im Zentrum des ... Gymnasialunterrichts stand das Erlernen der lateinischen und auch der griechischen Sprache. In den ersten drei (oder vier) Klassen wurde lateinische und griechische Grammatik gelernt sowie bereits Lektüre betrieben. In den beiden obersten Klassen widmete man sich den sogen. Humaniora und der Rhetorik und betrieb vertiefte Lektüre."[123]

1596 wurde Hildeprant (14 Jahre alt!) nach Höhenrain zurückgerufen, um seinen „außer Landts abwesenden bruder Georg Heinrich" zu vertreten. Aber bereits 1603, einundzwanzigjährig, ist Hildeprant gestorben.

Jüngster Sohn des Hans Heinrich war Hans Otto, der 1587 in Höhenrain das Licht der Welt erblickte. Mit 12 Jahren wurde er bei der Witwe Elene Schwarz in München

---

[122] Vergangenes Schloss Auerburg bei Oberaudorf

[123] Ausstellungskatalog „Die Jesuiten in Bayern" HStA 1991, S. 124, Humaniora = Ideenwelt der Antike

einquartiert. Er besuchte hier ebenfalls das Gymnasium der Jesuitischen Kongregation. Als Erwachsener wurde er kurfürstlicher Reiteroffizier, „herrschaftlicher Müller" und Richter in der Herrschaft Waldeck mit Sitz in Miesbach (Vergl. Anhang 7). Er nannte sich gelegentlich auch Hans Otto von Taufkirchen und Falkenstein.[124]

Abb.: Miesbach nach einer Skizze von Philipp Apian

Die Herren von Waldeck verwalteten früher als Vögte Besitz der Freisinger Bischöfe. Um 1300 gelang es ihnen, in ihrem Gebiet nahe des Schliersee eine dem Reich direkt unterstehende, sogenannte „Herrschaft" mit hoher und niederer Gerichtsbarkeit zu etablieren.

Es wird kolportiert: „Die Taufkircher waren gewöhnlich untereinander in Fehde begriffen, ein Bruder übervorteilte und betrog den andern und eine Schwester die andere; dazu kam noch die beständige Geldverlegenheit." Nachdem Hans Heinrich gestorben war, gab es wieder Streit. „Die alte Uneinigkeit zwischen den Geschwistern ob dem Erbe brach los und gedieh zu einem solchen Grade, dass der Herzog Maximilian [1597-1651] [es] für nötig fand, durch seinen Machtanspruch das Erbe unter sie zu theilen. Am 11 Jan. 1603 verordnete der Herzog, Johann [Baptist, der Bruder des Hans Heinrich] solle Biburg als freies Eigen besitzen ... die Hofmark Höhenrain soll Georg Heinrich zu zwei und Hanns Otto zu drei Theilen (drei Fünftel) besitzen. Hilprant war schon mit Tod abgegangen. Der Friede ... war von keinem Bestande, das gegenseitige Necken und Plagen nahm kein Ende. Da rief Georg Heinrich die Hülfe das Landesfürsten an; Maximilian sandte >zu verhiettung weitern Unraths vnnd pf[l]annzung Brüderlicher ainigkhait< den Dr. Georg Hundt zu Lautterbach, Hofoberrichter, und Dr. Hanns Niklas Woneth, Hofrath, gen Höhenrain, um die Erbstreitigkeiten auszugleichen. Diese bestimmten mit der Einwilligung der Brüder, Hans Otto solle die Hofmark an seinen

---

124 Sebastian Dachauer, Regesten ungedruckter Urkunden in Obb. Archiv, 8.Band, München 1847, S. 102

Bruder gegen 10.000 fl Kaufgeld und 100 Dukaten Leihkauf [Jahresrate] abtreten ... Ferner bewilligte Georg Heinrich seinem Bruder noch 21 Klafter Holz, die Wohnung im Thurme [des Schlosses] zu Höhenrain und versprach ihm, wenn er 2 Stunden von Höhenrain entfernt [ein Anwesen] ankaufe seinen Hausrath dorthin fahren zu lassen."[125] Das Hausvermögen wurde durch dieses Übereinkommen erneut erheblich belastet.

Insgesamt musste die Familie in vier Jahrzehnten über 40.000 fl allein bei Erbfällen aufbringen. Als Georg Heinrich wenige Jahre danach starb, übernahm Hans Otto die Vormundschaft für die unmündigen Kinder seines Bruders. In ihrem Namen verkaufte er 1621 die (vermutlich stark verschuldete) Hofmark Höhenrain an den Grafen Törring auf Jettenbach. Die Hofmark hatte noch viele verschiedene Herren, bis sie dann 1848 aufgelöst und „zerschlagen" wurde.

Abb.: Schloss Höhenrain im 1700 nach einem Stich von Michael Wening

---

125 Theoder Wiedmann, o a O.

Die letzten Taufkircher

Die Kinder des 1620 verstorbenen Georg Heinrichs Kinder waren: Maria Magdalena (Frau von Johann Adam von Ahaim), Anna Catharina (sie trat in das Kloster Heilig Kreuz in Landshut ein) und Hans Ludwig.

Hans Otto und seiner Ehefrau Anna Catharina zu Widersbach (Leutershausen/Ansbach) hatten die Kinder Hans Constantin, Hans Georg und Maria Catherina (Ehemann: Cammerrat Marquartus Baron von Pfetten in Niederarenpach).

Die Vettern Hans Constantin, Hans Georg und Hans Ludwig wurden Soldaten und starben während des Dreißigjährigen Krieges an unbekannten Orten. Die Geschichte der Taufkircher endet mit dem Tod von Maria Catherina 1686.

Abb.: St. Michael, Großhöhenrain. Im Chor die Grabplatten der Taufkircher

Resümee

Das sind die Fakten: Der Beginn liegt im Dunkeln aber spätestens ab 1330 und bis 1544 gebot das Adelsgeschlecht der Taufkircher über das namengebende Dorf und den „Handwerkervorort" Westerham. Danach und bis 1621 nannte die Familie die Hofmark Höhenrain bei Aibling ihr eigen.

Neben der Bewirtschaftung ihrer Güter bemühten die Taufkircher sich um Anstellungen als Beamte, selten als Militärs, am Münchner Herzogshof aber auch um klösterliche oder kirchliche Ämter. Sie blieben auch in der Reformationszeit der katholischen Religion treu und machten im 15. Jahrhundert großzügige Stiftungen für „ihre Ortskirche". Sie waren zeitweise wohlhabend gerieten aber zum Ende in „eine finanzielle Schieflage". Sie heiratet in ihren adeligen Kreisen in Oberbayern und der unmittelbaren Umgebung hiervon.

Sie hatten Glück: die Familie blieb in ihren Besitzungen verschont von Kriegsnot und Pest (Georg musste allerdings zwei Pestinfektionen überstehen!).[126] Die Taufkircher waren Feudalherren und standen als Richter und Gutsherren haushoch über ihren Untertanen; ob sie ihre Bauern besser oder schlechter behandelten als andere Adelige, lässt sich nicht sagen ...

Was bleibt? Karl Hobmair schreibt in seinem Heimatbuch: „Die Taufkircher sind [1544] ihrem alten Sitz am Hachinger Bach nicht treu geblieben." Richtig an diesem Bedauern ist: Als eine Person, an der man die Ortsgeschichte „festmachen kann", eignet sich ein Hilprant Taufkircher (ob Ritter oder nicht) sehr viel besser als ein austauschbarer Verwalter der Jesuiten oder des Herzogs, die ab 1544 hier die Eigentümer vertraten.

Aber ich finde, es lohnt sich auch die Zeit der Taufkircher in Höhenrain zu betrachten und Aufstieg und Fall dieses Geschlechtes zwischen dem Hochmittelalter und dem Ende im Dreißigjährigen Krieg insgesamt in den Blick zu nehmen.

Danksagung

Herzlichen Dank gebühren:
Manfred Schaulies, dem Archivleiter des Historischen Vereins Bad Aibling, und dem Familienforscher Paul Maucher aus München für ihre Ermutigung und selbstlose Zuarbeit sowie den Damen und Herrn im Hauptstaatsarchiv für die große Hilfsbereitschaft und exzellente fachliche Beratung.

---

126 Vgl. den Text des Wappenbuches im Anhang 4

Literatur

- Karl Hobmair, Hachinger Heimatbuch (HH), Kath. Pfarramt Oberhaching 1979
- Georg Mooseder, Adolf Hackenberg (Hg.), 1200 Jahre Perlach, Festring Perlach, München 1990
- Hermann Rumschöttel (Hg.), Lebendige Heimat Oberhaching, Gemeinde Oberhaching 1999
- Katja Klee, Hermann Rumschöttel (Hg.), Unterbiberg Neubiberg, Gem. Neubiberg, München 2010
- W. Jahn, M. Hamm, E. Brockhoff (Hg.), Adel in Bayern, Ausstellungskatalog, HdBG, Augsburg 2008
- Richard Bauer, Geschichte Münchens, Verlag C. H. Beck, München 2003
- Fridolin Solleder, München im Mittelalter, Verlag R. Oldenbourg, München, Berlin 1938
- Reinhard Heydenreuter, Kriminalgeschichte Bayerns, Verlag Friedrich Pustet, Regensburg 2008
- Rowitha von Bary, Herzogsdienst und Bürgerfreiheit, Verlag H. Hugendubel, München 1997
- Franz von Krenner, Baierische Landtags- Handlungen, München 1803 (BLO)
- Josef Maß, Das Bistum Freising im Mittelalter, Erich Wewel Verlag, München 1986
- Bernhard Schäfer, Kloster Ebersberg, Landkreis und Kreissparkasse Ebersberg 2002
- Roland Götz, St. Quirinus Tegernsee, Schnell Kunstführer, Regensburg 2009
- Wiguleus Hundt, Bayrisch Stammen-Buch, Ingolstadt 1585
- Paul Maucher, Namenregister zu Wiguleus Hundt: Bayrisch Stammenbuch, 1-3. Band, Verlag für Kunstreproduktionen, Neustast/ Aisch 2000
- Franz Freiherr von Eckher, Alphabetische Sammlung zur Genealogie des bayrischen Adels, Band 5, Freising 1695
- Johann Michael von Prey, Sammlung zur Genealogie des bayerischen Adels, Band 25, München 1747
- Theodor Wiedemann, Geschichte der Hofmark Höhenrain in Oberbayerisches Archiv, 8. Band, München 1847
- Ludwig Holzfurtner, Historischer Atlas von Bayern, Das Landgericht Wolfratshausen, München 1993
- Diepolder, van Dülmen, Sandberger, Historischer Atlas von Bayern, Rosenheim, München 1978
- Stefan Weinfurter (Hg.), Die Salier und das Reich, Thorbecke Verlag, Stuttgart 1992
- Joachim Ehlers, Die Ritter, Geschichte und Kultur, Verl. C. H. Beck, München 2009
- Maria Rita Sagstetter, Hoch- und Niedergerichtsbarkeit im spätmittelalterlichen Herzogtum Bayern, Verlag C. H. Beck, München 2000

- Heide Stamm, Das Turnierbuch des Ludwig von Eyb, Akademischer Verlag, Stuttgart 1986
- Demel, Kramer (Hg), Adel und Adelskultur in Bayern, C. H. Beck, München 2008
- G. A. Seyler, Abgestorbene Bayerische Adels- Geschlechter, Bauer und Raspe, Nürnberg 1884
- Peter A. Cramer, Geschichte des Tegernseer Tales, Eigenverlag, Bad Wiessee 1991
- Willibald Mathäser, Chronik von Tegernsee, München 1981
- Bernd Schneidmüller, Die Welfen, Herrschaft und Erinnerung (819-1252), Verlag W. Kohlhammer, Stuttgart 2000
- Hermann-Josef Busley, Die Geschichte des Freisinger Domkapitels, Dis. Mü. 1956
- G. A. Seyler, abgestorbene Bayerische Adels- Geschlechter, Verlag Bauer und Raspe, Nürnberg 1884
- Hubert Glaser (Hg.), Das Grabsteinbuch des Ignaz Alois Frey, Verlag Schnell und Steiner, Regensburg 2002
- Georg Scheibelreiter, Wappen im Mittelalter, Primus Verlag, Darmstadt 2014

Bildnachweis

Bay. Hauptstaatsarchiv[127]:
- Abbildungen auf Titel und den Seiten 11 rechts, 25, 30, 32 oben, 35, 36, 47 und 55

Bay. Staatsbibliothek München:
- Abbildungen auf den Seiten 16, 53, 61, 62

Archäologische Staatssammlung:
- Abbildung auf Seite 13

Staatsarchiv Bamberg:
- Abbildungen auf den Seiten 18, 22, 23

Gemeindearchiv Taufkirchen:
- Abbildung auf Seite 11 links

de.wikipedia.org:
- Abbildung auf Seite 24

Dietrich Grund:
- alle übrigen Abbildungen

---

127 Personen Select, Carton 443

Anhang

Anhang 1: Urfehde des Hyltprant Taufkircher [128]

Ich Hyltprant der Tauffkircher und ich Chuonrat sein Sun veriehen[129] und tuen Kunt fuer uns und fuer all unser Erbn offentlichen an dem Brief, datz wir von dem Vantknuss[130] wegen meines egnanten Hylprant dez Tauffkirchers, den der erbar Herre Herr Degenhart der Houer, Vitztum in obern Bayern, von unserem genaedigen Herren wegen, Marchgraven Ludwigen von Prandenburck, Hertzogen ze Bayern, getan hat, umb allen den Schaden und umb allen den Hab, den uns von der egnanten Vantknuss wegen biz auf disen heutigen tack geschehen oder genomen ist an Laeuten und an Guetern, guot getreu Freund worden sein paider ir und aller der, die an dem egnanten Vantknuss schuldick gewesen sint, als verer, daz weder wir noch unsere Erben noch niemant von unsern wegen von dem vorgnanten Vantknuss und schadens wegen hintz niemant nichtz mer weder ze sprechen noch ze vo[r]dern haben und swie[131] und in swelken[132] werden wir datz von dem egnanten Vantknuss wegen überuaren[133].

So ist mit der vart[134] unser Hab und unser Guot in unsers vorgnanten Herren Marchgraven Ludwigen und in seiner Erbn gewalt auf genad vuallen.

Und swaz[135] auch wir Brief von unser egnanten Herschafft von Pfantschafft wegen inn haben, swa[s] und swie die nu fuerbas fuerkoment, die selben Brief sint umb die selben Pfantschafft tot und krafftlos und machtlos.

Und aeher umb ze ainer gewizzhait haben wir in zue uns gesetzt Herrn Zachreisen von Hoehenrayn[136] und Herrn Otten den Pyenawer[137] und Otten den Barschalck von Perkirchen und Hainrichen, den Kuchymaister von Lochhausen, wir die Beschaidenhait

---

128 HStA, Kurbayern 5619. Urfehde bedeutet: ein Gefangener kommt frei, wenn er verspricht, seine Gegner nicht (mehr) zu verfolgen

129 Verjehen = bekanntgeben

130 Vantknuss = Gefängnis

131 Swie = wie

132 Swelken = welchen

133 überuaren = überfahren, überziehen

134 Vart = Fahrnis, bewegliche Habe ?

135 Swaz = was

136 In MB Band 6, S. 348 (1358): „Die von Höhenrayn habent zu lehen das Kuchenmaister Ambt (Kloster Tegernsee)"

137 Wie vor: „Die Pyenzenauer habent zu lehen das Kammermeister Ambt (Kloster Tegernsee)", Marcus Krammer in Kreissparkasse Ebersberg (Hg.), Der Landkreis Ebersberg, Geschichte und Gegenwart, Ebe 1986: 1327 erhielt Otto von Pienzenau (um 1290-1371), gen. der fromme Ritter, für treuen Dienst das Kammeramt und 6 Pf Pfg. jährliches Geld. Er und Ritter Zacharias von Höhenrain „scheinen gute Freunde gewesen zu sein." Otto wurde 1363 von Herzog Stephan in ein Sondergericht berufen, dass den Landfrieden gewährleisten sollte. Grabmal in Ebersberg.

ob der Freundschafft[138] von dem egnanten Vantknuss wegen [n]icht überuaren wurd swie daz könen.

Dar umb sullen dan wir, die egnanten Zachreis von Hoehenrain, Ott der Pyentzeawer, Ott der Odarschalck von Perkichen und Hainrich der Kuchymaister von Lochhausen dez vorgnanten Hyltprantz dez Tauffkirchers und des egnanten Chuonratz, seins Suns und irr Erbn, die der Freundschafft überuaren, als veint sein als unser vorgenanter Herre Marchgraff Ludwig und sein Amptlaeut.

Und haben auch ich, obgenanter Hyltprant der Tauffkircher und ich Chuonrat, sein Sun, ainen Ayd ze den Heiligen gesworn allez daz staet ze halten, daz an dem Brief geschriben stet.

Wir verkuenden dez Briefs in mit unser aller hechstes Ansigel besigelt.

Geben dez nachsten Phintztages[139] nach sant Gertrauden tack nach Kristes gepuert dreitzehen hundert Jar und darnach in dem neunden und fuenftzigsten Jar ij

---

138 Freundschafft = hier: Verwandtschaft

139 Donnerstag

Anhang 2: Stammbaum

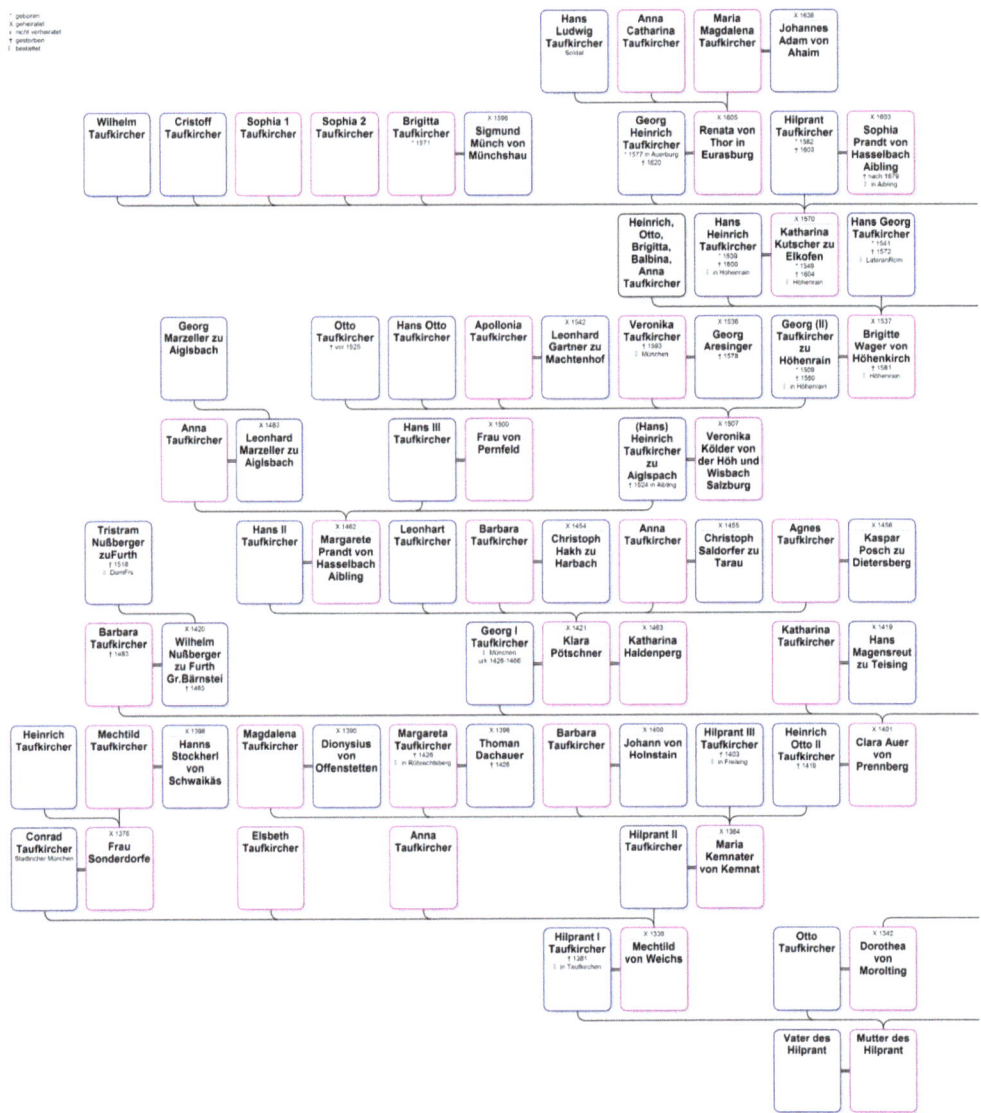

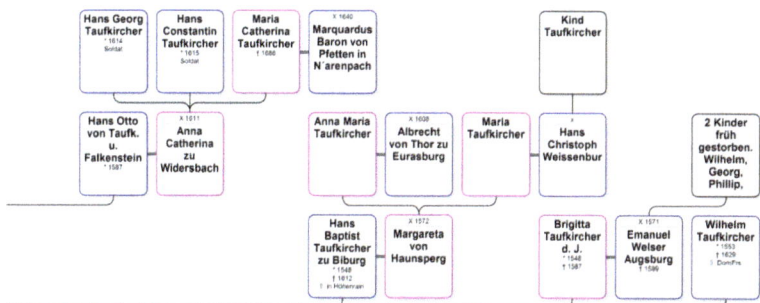

Nachkommen von Vater des Hilprant

Anhang 3: Ehehafft[140] in der Hofmarck Söllhuben 1558
zeigt die Gebote die Herr Wilhelm von Freyberg erlassen hat
(Wiedergabe in gestraffter Form)

- Jeder Mann muss beim Gericht erscheinen, sonst hat er als Strafe 1 Pf. Pfg. (=1 Gulden, ca. 200 €) zu zahlen.
- „Gotslesterung" wird „bey der staff an leib und gueth" verboten; Eltern werden bestraft anstelle der Kinder „so nit aigens guet haben".
- „Bey vermeidung götlicher vnd menschliche staffe" sollen Hausväter und -Mütter „Khinder vnd Eehalten zu göttlicher Andacht, petten, Lernung der gebot gottes fleissig vnnderweisen".
- Jeder soll die Laster des Zutrinkens und der Trunkenheit unterlassen; wer betrunken auf der Straße angetroffen wird, kommt bis zur Ausnüchterung in Arrest.
- Verbrecher, Landstreicher und Zigeuner darf „bey schwerer straff" niemand beherbergen; Jeder muss dem Hofmarks-Amtmann bei der Verfolgung von „schedlichen manns oder weibs Personen" helfen.
- Öffentlich soll niemand Waffen tragen außer „Pannzerhauben, Spieß, Hellepartin, Peiller, Werffzeug" und er muss 18 Jahre alt sein.
- Man soll beim Handel „das gerecht wienisch gewicht [und] die neu furgenomen Landtshuetter Elln" benutzen.
- Bei Hochzeiten und Primizen soll Ehrbarkeit herrschen und Unzucht vermieden werden. Der Wirt darf nicht mehr als 18 X (=18 Kreuzer, ca 60 €) für Essen und Trinken kassieren. Die „weisat", das Festgeschenk zu Hochzeit und Taufe, wird abgeschafft. Der junge Priester soll nicht mehr „weibs Personen" einladen als Blutsverwandte zu seinem Fest gebeten werden.
- Das Spiel um Geld in „haimblichen örtten" ist verboten. In einer „offnen Taffern darf einer über 15 X nit verlieren. Eehalten vnnd Khinndtern vnnder Achzeen Jarn solle das spilln gar abgeschnidten sein."
- „Item das ain Jeglicher den anndern mit Zeynen vnnd Hägern (Grenzhecken) auch vor schäden des viehs" schützt auch „das pan Zein (Bannzaun, Wildzaun) vnnd Häger auf Jede Zeit woll gemacht vnnd die schwein [vom 17. März bis Martini gekennzeichnet] geringlt" [sein].
- Jeder soll „sonnder die gemainen lanndtstrassen auch weg und steeg vor seinen gründten, wie sich geburt, machen vnnd vnnderhalten."
- Keiner soll mehr Vieh auf die „gemainen waiden" treiben, als er über Winter

---

140 Ehäft: „was durch Satzung oder Herkommen für eine Person oder Communität Recht oder Pflicht ist" (Schmeller).

gehalten hat.
- Jeder soll seine „grundt, vellder, besuch (Weiden) vleissig reiten (reuden, auslichten) vnnd nit verwachsen lassen".
- Wenn ein Stück Vieh auf der Weide eingeht, soll man „khain dot aß vnbegraben nit liegen lassen".
- „Wuecherische khauff und conträct [sollen] gännzlich vnd gar verbotten sein".
- „Item solt khainer vngerecht (schlechtes) vieh noch Khalb, das nit völlig drey wochen alt ist, zuvermetzgen verkhauffen".
- Der Pachtzins für eine Kuh darf 3 Schilling Pfg. (= 90 bay. Pfg. ca 75 €) nicht übersteigen.
- Ehehalten sollen „Irer lonherrschaft" treu dienen und „sonnderlich den diennst" unterm Jahr nicht aufsagen, außer die Obrigkeit (der Hofmarksherr oder sein Vertreter) erkennt „die vrsachen" hierfür an. Ehehalten, die sich „Aus leichtfertigkeit" (uneheliche Schwangerschaft) heimlich verheiraten, sollen weiterhin in ihrem Dienst bleiben oder für Ersatz sorgen.
- „Sön vnd Töchter sollen Iren vättern" ohne Lohn dienen.
- „Item Ledig Khnecht vnd diernen, so nit hanndtwerckh khynnen", soll man fest anstellen und nicht „tagwerckh arbatn lassen" außgenommen im schnidt vnd madt" (zur Erntezeit).
- „Item die vnbehausten winckhel eheleut sollen bei straff ... an den herbergn nit aufgenommen oder eingelassen werden."
- „Item die unerlichen (unehelichen) beywonungen sollen bey hocher staff gannz vnnd gar verbotten sein."
- „Item die son und Töchter" sollen sich ohne Zustimmung der Eltern „vor 25 Jahrn ihres alters nit verheyratn" sonst verlieren sie die Hälfte oder ein Drittel ihres Erbes."Khupler, so solch leichtfertig winnckel heyrat anrichten ... sollen herttighlich am leib vnnd mit versagung des lannds gestrafft werden."
- „Item es sein auch alle Gunggl vnnd Rockhenrais (Spinnstubentreffen) ... bei der straff gar verbotten, doch wo die nachbarn ... zusammen geen, das solle Inen vnuerwört sein."
- „Item es sollen ausserhalb der Taffernen weder wein, pier, Essen oder weißprodt geschennckht noch außgeben werden, den[n] denen Peckhen (Bäckern), so Ir prod zu offnen Khauf der gemain zu gueth vor der Khirchen faill haben, [soll der Verkauf] unverwördt sein."
- „Wepf oder schwaif" (Gewebe oder Garn) darf nicht ausgeführt werden.
- Verträge außerhalb der Hofmarksgerichtsbarkeit sind verboten.
- „Item die, so löder fail haben vnnd schuech verkhauffen, sollen das Recht wasserburger maß ... haben ..."
- „Item ain Jeglicher solt den grossen vnnd clainen Zechent ... getreulich raichen vnnd geben ..."

- Der Hintersasse darf ohne Wissen des Grundherrn kein Holz verkaufen, andernfalls soll er sein „Erbrecht, Leibgeding vnnd stifft" verlieren.
- Niemand soll gutes Holz verbrennen.
- „Item wo auch das viderspill (Federspiel = Falkenjagd) seine ständt hat, da selbst solt mann in nit zu nachent (nahe) holz schlagen noch nit vertreiben."
- „Die Erbstäm" soll man nicht zu „steckhen vnnd Rannken" (Zaunstangen) verarbeiten.
- Zur Gewinnung von „Däxn" (Fichtenzweigen) soll man keinen Stamm umschlagen.
- Wer einen Anbau an sein Haus machen will, braucht die Erlaubnis der Obrigkeit.
- Niemand in der Hofmark Selhuben darf ohne Zustimmung der Obrigkeit jagen, schießen oder Vögel fangen.
- „Item die hundt solt man ungepruglt (unbeschwert von einem Holzprügel, der sie am Jagen hindert) nit lassen funden werden."
- „Item das khaine des herrn von freyberg Liebaigener Personen ... sonnder vorwissen vnnd zuegeben nit verheiratn noch auß der Hofmarch ... nichts weckh ziehe ..."
- Keiner soll Streu, Gras, Getreide oder Grummet verkaufen.
- Wenn jemand sein Haus verkaufen will, muss er es zuerst der Obrigkeit anbieten.
- Wenn jemand außerhalb Schlachtvieh oder Fleisch kauft, dass ein Wirt oder Metzger benötigt, soll er es ihm überlassen.
- Viehhandel soll nur auf dem Markt in Aschau stattfinden.
- „Allen ledigen vnbehausten" (dem Gesinde) ist jeder Handel verboten.
- Bienenvölker soll man höchstens einmal in 3 Jahren teilen.
- „Item das man auf den Khirchtägen auch bey anndern gemeinen feirtäglichen Tännzen veber die drit stünd nach mittag nit Tannzen soll, bey der straffe verbotten."
- Wirten und Krämern soll auf „khirchtägen veber die dritt stundt nach mittag zu schennckhen vnnd failzuhalten nit gestat werden."
- Kein Wirt soll mehr Geld verborgen als 5 fl (5 Gulden ca 1000 €) an unvermögende und 10 fl an vermögende Pfarrer, 2 fl an Benefiziaten oder „Gselbriester", 2 fl an einen armen und 4 fl an einen reichen „Paursmann".
- „Item denn Inwonern solle ... über die acht Vhr gegen der nacht in den wiertsheusern zezechen nit gedultet ... werden; den wein sollen die wiert vnuerfelscht vnnd vnvermischt ausgebn, bey der staff.
- Kein Bauer soll ohne Wissen der Grundherrschaft „guet zu ainen zuepau annemmen."
- Alle Badstuben in den Höfen und Dörfern sollen abgeschafft werden außer bei „Ainöden vor den gebürgen, welche weite dess wegs halber die Ehehafft Pader nit besuechen" können.
- Wenn Bauern Geld verleihen, soll dies bei Gericht beurkundet werden.
- Nicht nur der „gemain Paursmann" auch Wirte, Forst- und Amtleute sollen sich ihre

Röcke nur aus „wüllen Tuecher so in Teutscher Nation gemacht seind, als Münichner, Braunauer, Aichsteeter vnnd was der sorten mer" sind, machen lassen, wobei die Elle nicht über 6 ß d (6 Schilling Pfennige) „schwarzer münz" kosten darf. „Aber zu Hosen unnd weibs manntln mögen sy bessere Tuecher brauchen, doch das die Ellen veber 1 lb. d. (Pfund Pfennige = Gulden) nit khost ... Den Paursleuten auch Iren weib, Sönen, Töchtern, khnechten vnnd dirnen genzlich verboten" sind Samt, halbe und ganze Seide, „schamalot (Seidenstoff), wurschat (Halbseide), Satin, Arras (leichter Wollstoff)", Silber und Gold. Erlaubt ist „allain die schälckhl (Mieder) vnnd Ire röckh oben mit Wurschat, Arras oder Satin zum maisten auf drei finnger prait .. zu verprämen auch die Töchter, Ire haarpant von seiden zemachen ... Item khain annder Rauch fueter oder pelz als von Lembern, Gaissen."

Den Handwerksleuten soll der „Lindisch (Tuch aus London) zuegelassen sein, zu wamas (Leibchen), der Perchant (Barchent = leichter Wollstoff mit Seide), wurschat oder Arraß, zu Irer weiber vnnd Töchter Prämb (Einfassung) Atlas oder Satin." Wer dem zuwider handelt soll beim ersten Mal ein Drittel, beim zweiten mal die Hälfte, beim dritten Mal den ganzen Wert der Kleidung verlieren, wobei der „Anzaiger" und die Obrigkeit je ein Viertel und arme Leute die Hälfte des Erlöses erhalten. Schneider, die das Gebot missachten, sollen „nach ausweisung der Fl. (fürstlichen) Pollicei gestrafft werden."
„Als auch der Herr von Freyberg, Als Gerichtsherr in gueter erfarung hat, wie das sich die Muetwilligen Pueben, Junge Gesellen darzu auch wol die Eheleuth aus einem bösen Mißbrauch an den Khirch tagnächten mit aufspielen, dergleichen an der heiligen khünigen nacht, so man die Perchtnacht nennet, verkhleidet vnnd vermumbt ... herumb bei den heusern zugeen vndersteen, daraus nichts anders dann alle pueberei, rumor vnnd Je zu zeiten wol gar Todtschlag ervolgen, derhalben wil wollermelter Herr von Freyberg solches hiemit bei hocher straff gennzlich abgeschafft vnnd verpoten haben."

Anhang 4: Das Wappenbuch der Taufkircher[141]; Die Texte

(Transkription Manfred Schaulies, Archivar des Historischen Vereins Bad Aibling[142])

1. Die Hofmark Taufkirchen

1.1 Beschreibung der Hofmark

Beschreibung der Hofmarch Taufkürchen Gelegenhait samt der Ein- und Zuegehörung mit Ettern und Zaun umbfangner massen

Taufkürch

Davon die Taufkhürcher laut nachvolgender warhaffter Contrafactur[143] urspringelich herkhommen sein mechten, Ist gleichwol eines clainen eigen gezürchts[144], Aber doch uber aus lussigs[145] nuczbars ohne mitl aigenthumblichs, unbelechents und gefreits Hofmarchlich wesen, bei Perlach, Am Hächinger Pach, aus der eben, in der wildfuer (Wildbahn, Jagdrevier), ain meil[146] weegs weit von der frl. Haubstat München, daraus alle Necessaria und Victualia leichtlich zubekhommen, Im Frtl. Landtgericht Wollferczhausen, Münchner Renntamts, obern lands Bayern gelegen.

In bemelter Hofmarch, ain alt Edlmanssitz und zweigiätig Anwesen als von Holczwerch, unnd thails gemauert[147], Zunegst gegen über ain Pfleghäusl[148], darzue gehörig und verhanden Ain obsPaumgarten und zweimätigen Annger, auch 10 Clain- und grosse, nit übergilte (= steuerfreie) Gärten, darunter 3 Gefreite Sedlhöf[149], zwo Mülln an bemeltem Hachinger Pach, darinn Ainerlaj Vischwerchsorten, Ferchen (Forellen), Pannwasser, Ain gefreite EhTafern und Schmidten[150], etlichen Hueben, gancz Lechen unnd Söldengüetl[151] auch Priesterhaus oder Caplaney, darauf ain eigner Taufkhirchnerischer Beneficiat residiert, Wasserfluß, Wissgründt, Pluembesuch (Waldweide), und Summerwaidt, nuessung (Nutzung) biß an frtl. Vorst Grienwaldt stossend, Fruchtbare weite Traidfelder, Holczwachs (Wald), waidwerch (Jagd), hat vermög Salbuch ain Zimblich Järlich einkhommen, davon an gelt 200 fl. dann auch an allerlei getraidtsorten, Schäffl Münchner maß.

---

141 HStA PersonenSelect Carton 443

142 Zwischenüberschriften und chronologische Reihung: Dietrich Grund

143 Bericht

144 Bezirk

145 Lt. Schmeller: lussam = ergetzlich (Lussus (lat.) = Spaß, Scherz)

146 seine große bay. Meile = ca 7,4 Km

147 Die „Burg" der Taufkircher war demnach ein 2-stöckiges Gebäude, großteils in Holzkonstruktion

148 Im Pfleghäusl residierte wohl der Pfleger oder Verwalter der Jesuiten; sie waren lange Zeit Besitzer der Hofmark.

149 Privilegierte Adelshöfe, tatsächlich gab es wohl nur 2 Sedelhöfe

150 Ehaft-Tafern und Ehaft- Schmiede = privilegierte (Hofmarks-)Betriebe

151 Die Angaben zu den Höfen sind sehr sumarisch.

Im Dorff daselbst ain schen Gotshauß, so ain Filiall, Zu Hächinger Pfarr Incorporiert, unnd In honorem, St: Johannis Baptista Patronj dediciert, an der Khürchmauer außwendig auf dem Freithof, im Egg der gerechten seiten, Ain Alter Paufelliger Plaber (blauer) Sepulturstain, auf ainem gemauerten gewelb oder grunften Ligend, Auf welchem mitten ain Maanspild in gannczen kheines Antiquitetisch forms Ristung, In der gerechten Hand haltend ainen Reitersfanen, In der linggen ainen wappenschild, sambt StechHelbm darauf, beeder orthen mit oben und unten einem halben Leben (Löwen), Sich mit ainem schwert, durch das maul und Khopf stechent, neben herüben auf dem Stain, mit vertiefter Schrifft, und grossen Puechstaben, diese nachvolgende Lateinische Formalia Verba eingehauen, noch augenscheinlich verhanden und zefünden

Anno Domini M.CCC.LXXXI. Hilliprandt Taufkhürcher, prima feria V. Ante festum Mathei Seti Ap[osto]li Et Evangeliste.[152]

Oberhalb dessen Haubt in der Hech bemelter Khürchenmauer ain Crucifix, daran Christi Pildniß hangend, nebenbei St: Maria und St: Johans Pildniß steendt, darunter Hildprandt Taufkhürcher, und Maria von Haslang oder Khemmater zu Tandern p. als uxor eius (Ehefrau[153]) beede khnieend gegeneinander, welche geschlecht, vermög der wappenschildfarben, gleich gefuert haben, Daraus aber das Khemmaterisch geschlecht, bei wenigen Jarn gar abgestorben ist.

In bemelten Khürchenmauer daselbst abermal beiseits, in der Höch, ain Manß- und Frauen Pildniß In viereggerten gantzen Stain eingehauen, N. Taufkhürcher, und N. Weix, uxor eius, Inhalt beeder underschidlichen wappenschildt und Tauffkhürchnerisch Helbm und wappenschildt, darzwischen Christi Pildnis, So Zwen Enngel halten unnd einen weissen Sparren Im schwarczen Schildt, aber ohne Helmb Schrifft und Jarzall, so vielleicht altershalber abgangen, vor Salutoris Nostri Pildniß, gegeneinander khnieende, vermög nachfolgendem Abriß In Antiquo habitu, aines lanngen Plaben Tuchs beclaidt. Das Haubt mit schwarczem Part bedeckht, dermassen Pauföllig im Augenschein befienden, das im fahl gebrauchten lengern Verzugs, mit Renovierung derselben, In khürcz khain gleichniß wenig nach vielmer Sowol an bemelten Epitaphien, als auch des schadhaften, als in Lands Bayern dis Taufkhirchnerischen eltisten Sepultur so schlecht werden zu sehen, noch zespüren sein würdt, derowegen dann fürderliche wanndtlung woll bedürftig, Inmassen dann alberait zu etlich mallen durch vielbesagte Tauffkhürchen bei wolermelter Maines würdigen Societet Jhesu Regenten Johann Völckhl, Anno 1599 laut verhandnem Schreiben Sinemide[154] baiderseits, münd: und schriftlich umb Consenserthailung bitlich angelangt, aber wider verhoffen mit gegen begerung bedenkhlichen Reverss difficultiert

---

152 „Im Jahr des Herrn 1381: Hilprant Taufkircher [starb] am fünften Wochentag (Donnerstag) vor dem Fest Apostel und Evangelist Matthäus (21. September)"

153 Der Chronist ist leider unsicher, wer die Ehefrau von Hilprant/ Hildprandt war.

154 Ohne Belohnung, hier: erfolglos

desswegen bishero an mitl [nichts] eingestelt worden.[155]

1.2 Die Taufkircher erben Aiglsbach

Ist von dem 1381 Jar heer biß auf Sonntag Exaudi Anno 1544, alß 163 Jar unnd hievor noch teill lennger Zeiten, durch bmelts Taufkhürchnerische unnd diß geschlechts Männern Innegehebt unnd genossen. Alsdann erst durch Geörgen Taufkhürcher, als frtl. Bayer. Langwürdigen von Jugent auf verlübten (vergatterten) getreuen Hofjunkher und hernachen Ao 1564 gewesten frtl. Bayer. Hofdiener und Haushofmaister zu München und Landsassen; unnd Brigiten geborene Wagerin von Hechenkhirchen So weillandt des Edlen und Ermessen Hannsen Wagers zu Hechenkhürchen diss namens und standes Anndern frtl. Bayer. Jägermaisters (Chef der Forsten) zu München eheleibliche Dochter, als bemelts Taufkhirchers uxorem gewesen, Als leczten Innhabern diß Tauffkircherischen geschlechts, obbemelter Hofmarch und andern dazugehörigen gefreiten Edlmanssicz und Anersten (andern Rechtsgütern) so sambt auch einem dem Schloß und gefreiten Sedlhof unnd andern etlichen ainschichtigen Güetern zu Aiglspach in frtl. Landtgericht Mainburg gelegen, so von weillandt Geörgen Marzeller daselbst, an bemelten Taufkhürcher und seine Geschwistergeth (Taufpatin)[156] Erblich khommen., Aber ausgenommen Sechs Güeter, darunter zwen gefreit Sedlhöf, drej Sölden, Dorffzechent, unnd einigen Traidgülten, sambt Marzellerischer Lechensnüessung (Lehensnutzung).

1.3 Verkauf von Fischrechten am Hachinger Bach

Angelegenheit halben, darvor verkhaufft aus allerlaj beweglichen Ursachen, Allerhandt erlitner Beträngniß unnd beschwer von den frtl. Beambten und Hofofficiern, Hincinde in villweeg (auf vielen Wegen), Sonderlich aber durch den frtl. Vorster unnd Überreiter (Forstbeamten), mit täglichen Pfandt: und einthueung, auch beschedigung der Taufkhircherischen Dorffgemain auch mit welches den gmainen Pluembbesuech in der Wildfur (Waldweide) zunüssen, dann auch durch die frtl. Hofvischer aus München, mit dero wachenlich (wöchentlich) gewalttätigen Vischen, über ordentlich richtige Vermarchung (Grenzziehung) des Ferchenpachs als Taufkhürcherischen Geweßer an das frtl. anstossente Pänwasser (Bannwasser), und guetlichs versuechen, unlaidentlichen eintrag (Einmischung) zuegefüegt worden, Danunhero zwischen beederseits widerwertige Handlungen, unnd vilföltige Streitigkhaiten entstanden seindt, umb khonfftigen mereren Uhnschaffung (Unfriede), bevorab vermeidung nachtailligen weiterung, auch bestenden Landfürstlichen Ungenad und ander dergleichen erdulden unbillichen ansuechungen ...

---

155 Man hat 1599 offenbar erfolglos beim „Regenten der SJ" Geld für eine Renovierung erbeten.
156 Nach den frühen Tod des Georg Marzeller erbte sein Onkel Hans Heinrich die Hofmark Aiglsbach

Weillen Auf zuvor gepflogene Undterhandlung, vermög ausgebrachten, und ervolgter frtl. Commission, an nachvolgenden, seine Deputierten, und abgeordneten frtl. Ansechlich: und fürnehmen Hoch:beamten, und verlübten Persohnen, darunter Adlsstands, Hanß Geörg von Nussdorff zu Prinning als frtl. Bayer. Jägermaister und Pfleger zu Delz (Tölz), Colman Münch zu Münchausen, Hofkhuchlmaister zu München und Moritz, Pfleger auf Aurburg, Wilhalm Stackhaimer, frtl. Casstner zu München, auch da Onoffrius Berburger, frtl. Hofrath alda, Inhalts verhandner Original wexlsbrieflicher Uhrkhunden und Documenten, mit frtl. Aigner Handtunderschrifft und Servotum verfertiget, datiert am Montag nach Exaudi Anno 1544.

1.4 Der Tausch der Hofmarken

Mit weilland des durchläuchtigen Hochgebornen Fürsten und Herrn, Herrn Wilhelm Pfalzgraven bei Rhein, als ainigen Regierenden Landesfürsten, in Obern- und Nidern Bayern pp. dessen Frau Ehegemahcht, die durchleuchtig: Jacobe Maria Margräfin zu Paden, pp. gewesten, sambt und gegen aufgab in gelt 2.500 fl gulden gelts P. vierczig gulden angeschlagen, zu völliger gegenvergleichung umb und für das Hofmarchgericht Höchenrain sambt derzue gehörigen und Incorporierten 6 ainschichtigen Gütern ob dem (Forst) Haunpolt, Khürchdorffer und Egmatinger Pfarr, alle 6 im frtl. Landtgericht Aybling, Rentamts München, 5 mail weegs Als von frtl. Hofhaltung daselbs weitern und rüebigen (ruhig), auch vor überfallen sichern wesen in Obern Bayern gelegen, welches sambt allen dero Zueghör, durch obbemelts Taufkhürchers seligen Hinderlassenen eheleiblichen Erben, und Adenlichen Posteritet, götlichem willen nach, bisher Inngehabt würdet, verwexlt, und in Pfingstfeiertagen obbemelts 1544 Jars, durch wolbesagte frtl. Herrn Commisarien mit Schaffung, der Hofmarchlichen verwohnten (Bewohner) und Grundtunderthanen, in die gebürliche Pflicht, eingeraumbt und geantwort worden.

1.5 Versuchter Rückkauf der Hofmark Taufkirchen

Ist also vorbemelte Hofmarch Taufkhürchen sambt dero Zuegehör, durch obhochgedachten Fürsten, unnd dero frtl. Neben und nachkhommen, als den durchläuchtig auch ainzigen Regierenden Landsfürsten, Herzog Albrechten in Bayern — dessen Ehefrau, Anna, Tochter Kaiser Ferdinands I. - als Sohn von welchem gleichwol ermelten Geörg Taufkhürcher dero Posseritet (richtig: Posterität, lat. Nachkommenschaft), namen und stammens halber Anno 1577: vorberüert Hofmarchlich wesen Taufkhürchen, umb ain benannte annembliche Parr Summa gelts, als 5.000 fl neben austragung (?) solcher zu frtl. Lechen wiederumben khäuflich an sich zebringen. In vorhabenden werckh gewest, aber beederseits als erstlich Hochermelts Herzog Albrechts pp Anno 1579 In Deczembrj, unnd berüerts Geörgen Tauffkhürchers Im Monat Augustj 1580 Jars zu München; Götlicher erforderung und weillen nach bald aufeinander ervolgten tödlichen ableibens Halber, unvolzogen verblieben.

1.6 Die Hofmark Taufkirchen im Besitz der Herzöge dann der Jesuiten

Dann Herzog Wilhelm, als Enickhl (Enkel), den dreyen Fürsten[157] von 1544 biß 1591 Jar umb Lichtmesszeiten, sucessine (Nachfolge) 47 Jar lanng Innen gehebt, unnd durch dero verlübte HofCastner zu München verwaltet. Alsdann aus frtl. Milden genaden, yeczt Hochbemelts Durchleuchtister Fürsten und Herrn, Herrn Herzog Wilhelmen, Pfalzgraven bei Rhein, als auch ainigen regirenden Lanndesfürsten in Bayern und dessen Ehegemahl die durchleuchtig Fürstin Renata, geborne Herzogin zu Lothringen und Parr (Tochter von Herzog Franz I. von Lothringen), beeder noch gesunds lebens, dem würdigen Collegio der Societet Jesu zu München, dessen rector, derzeit Christophorus Hiendl, genossen, welches Geistlichen würdigen Ordens, Im Monat Juni Anno 1556, 18 verwohnte Persohnen, als erste darunder Adelstannds pp. aus NiderTeitschlandt gebürdig Namens Petrus Canisius[158], als obbemelts ordens Provintialis fuer Germanien, Anfangs ins Lands Bayern geen Ingolstat, durch beförderung des Hochwürdigisten In Got Fürsten und Herrn, Herrn Otthan, geborener Freiherr zu Wallpurg, des Römischen Reichs Erb-Truchsessen pp. Cardinal zu Rom und Bischoven zu Augspurg, Auch Brobsten zu Ellwangen pp. denen das alt frtl. Georgianum Collegium alda zu bewohnen kommen. Inmassen dann andere ansechliche Closter und Hofmarchen mehr im Lands Bayern, Hernacher Zur Donations weiß (als Schenkung) zugeaignet worden sein.

2. Die Hofmark Höhenrain

2.1 Ältere Geschichte der Hofmark

Höchenrainer HofmarchGericht

Dessen Gelegenheit, nachvolgende aigentliche Contrafactur und abriß sambt darüberverhanndner Salbüecher (Abgabenbücher), auch ordentliche GrundPuechs aus beweglichen Ursachen, durch Hans Hainrichen von Taufkührien als yeczbemelter, aigenthumblicher HofmarchGerichts Hohenrain ainigen Inhaber, Anno 1600 dero Postaritet Halber (für die Nachkommen) aufgericht ist [und] andeutung gibt.

Leczte Innhaberin und ainige Erbin Margreth Hohenrainerin, so weiland Herrn Caspar Winzers des Jüngern zu Prannberg (Brannenburg), und Säxenkham, Ritter, frtl Bay. Pfleger zum Thürnstain, eheliche Hausfrau gewesen, hat Ihres bruedern Geörgen Hohenrainers, als auch ohne mannlich erzeugte eheliche leibserben, für sich erkhaufft und sich nach absterben, bmelts Caspar Winzerers Ihres Ehevogts, witib stands in der

---

157 Wilhelm IV, der Standh. 1508–50, Albrecht V., der Großmütige 1550-79, Wilh. V., der Fromme 1579-97

158 Canisius lehrte 1549-52 und ab 1556 in Ingolstadt (s. Kat. zu „Die Jesuiten in Bayern" HstA 1991, S. 136) engagierte sich für Gegenreformation und Hexenverbrennungen, gegen Missstände in der Kirche.

Pitrich (Püttrich) Frauen Closter zu München begeben, und darinnen, Ao 1514 an St. Augustinstag gestorben, ligt vermög dero verhandnen statlichen Epitaphien und Sepultur stat, In der Francicaner Parfüsser Closter begraben.

Volgend bemelte Hofmarch Ao 1502 An St. Johann Babtista tag Monats Juny Geörgen und Hannsen den Stöckln, brüdern, Inwohner zu Schwaz, frtl. Grafschafft Tyroll, als vermöglichen ... und Perckhwerchserwesern alda P 8.600 fl laut verhandnen khauffcontracts widerumben verkhaufft, die habens ungever bei 5 Jar lang Inne gehebt, alsdann 1507 aus beweglichen ursachen, Leonharden Paumgartner, zu Stubenperg, wonnhafft zu Khuffstain obbemelter Graffschafft Tyrol P. 8.700 fl widerverkaufft, derselb hats biß indas [15]09 Jar lanng besessen, nach dessen tödlichen abgange seinem Jüngern Sohn Florian in der thaillung erblich zuegefallen.

Dan ist solche beganngene Misshanndlung (Missetat) halber laut zwaiern Verzicht und Tradition brief Anno 1536 den 5. Mai zur Straff und der erledigung der Cusodion (custodia = Gewahrsam) daraus er sich hernacher In Khriegswesen, darinnen ehr Tod ausbliben, ausser Lands begeben, durch Herczog Wilhelm ainig regirenden Landsfürsten in Bayern pp. eingezogen[159] und durch deren Castner zu Aybling Hanß Gröbmer 8 Jar lang nüslich Inne gehebt.

Alsdann kommen, sondernmassen Anno 1544, Innhalt verhandner frtl. wexlbrief, für offtberürte Hochmarchlich wesen Tauffkhürchen und deren Zuegehör so P. 7.792 fl durch Hochermelten Fürsten mit Geörgen Tauffkhürcher dero lanngwürigen gewesten gethreuen HofDiener und Landsaß, Brigiten, geborne Wagerin uxoris Eius gegen hinausgebung 2.500 fl zu abledigung Paumgartners Creditorn beeder Hofmarchlichen wesen (?), bester gulden gelts, P. 40 fl angeschlagen verwexlet, und solche durch Ine Taufkhürcher, auß auf Anno 1580, 36 Jahr lang ohne wiederspruch würdig possebiert (besessen) und nach absterben ohne aufgericht Testamentlicher Ordnung samtlich an dessen drey hinterlassene Söhne (Hans Heinrich, Hans Baptist, Wilhelm) vermög vernerer privater Vertragshanndlung gegen unterhaltung deren Mueter leibslebenlang jarlich 400 fl unnd Schwester (Brigitte) Welserin welche solche 6.700 fl, die sy aber khurze Zeit genossen, Erblich khommen.

Die Brüder habens 10 Jar lanng mitaindander Innen gehebt, unnd in der Comun[itas] genossen, alsdann 1592 Jar Im Junyo, Inhalt Erbinterssierter Vergleichshanndlung und Endtquittung zwischen dreyer Brüdern, von derselben Hofmarch Gericht und andern dazue gehörigen auch vorbehaltnen güetern, gehebten Erbgebürnis und Sprüchen.

Bruder Hannß Babtissen, als ausser Lannds zu Gastau, So hernacher Anno 1593 von Albrechten Schrüfenmelß, In leben gewesten frtl. Bayer. Regiments Rath zu Burckhhausen hinterlassenen Ehewitib unnd dero aigne Dochter und Erbin, den gefreiten Edlmanssitz und den darzugehörden Sedlhof zue Biburg, Schönauer Pfarr,

---

159 Wegen angeblicher Bigamie zum Tod verurteilt, ließ Herzog Wilhelm den Florian Baumgartner in den Kriegsdienst entkommen und nahm ihm dafür die Hofmark.

Schwaben Landtgerichts mit etlichen anndern ainschichtigen Clain und großen, hin: und wieder thailß belechneten und bevogten güetern In bemelten District unnd Ayblinger Landtgericht Rentambt München gelegen [erhalten?]¹⁶⁰, darauf Im aber ausser halb bemelts Hofmarchlicher Anwesen und gefreiten Sedlhofs zu Biburg khain Freihait noch Nidergerichtsbarkheit zugestehen.

2.2 Geschichte der Hofmark Höhenrain unter den Taufkirchern

Contrafactur
Des gefreiten HofmarchGerichts Höhenrain sambt dero Confinen (Confinia = Grenzen) und Coherentien (cohaerentia = Zusammenhänge) Im frtl Landtgericht Aybling, Renntambts München, obern Lanndts Bayern gelegen, welches laut verhanndnen original brieflicher Uhrkhunden Anno 1544 durch den durchleuchtigen, Hochgeborenen Fürsten und Herrn, Herrn, Wilhelm Pfalzgravens bei Rhein pp. Herzog in obern unnd Nidern Bayern pp. mit dem Edl unnd vesten und Tugennthafften Geörgen von Tauffkhürchen, und Brigita, geborenen Wagerin zu Höhenkhürchen, uxor Eius, als leczt diss Adenlichen geschlechts besiczer für das hofmarchlich wesen unnd dero Zugehör zu Tauffkhürchen, davon dieselb ursprünglich herkhombt, verwechslet worden. [Dies Wappenbuch wurde] Anno 1600 durch Maister Steffan Ebersperger, Bürger und Maller zu Aybling in grundt gelegt.

2.3 Georg Taufkircher erwirbt Höhenrain

Brevis Discursus¹⁶¹
Die Taufkhürcher so Anfangs zu Taufkhürch, Hernacher zum Hohenrain wohnhafft, von welchen in anfang Namen diss Stambpuchs, thails alberait anregung beschechen betrfs. Geörg Taufkhürcher, diss Adelichen geschlechts leczter Innhaber, besagtes frei Aigenthumblichen, Hofmarchlichen wesens zu Taufkhürch, davor dieselben laut Anno 1381 erigirter (aufgerichteter) unnd nach verhandnen aber Paufölligen, nunmehr 219 Järigen, in Lands Bayern, diss Taufkhürcherischen Stammens, Eltisten Sepultur urspringlich Herkhommen, dieser Zeit in der Würdigen Societet Jhesu zu München gewalt sein, welcher solche Anno 1590 aus fürstl milder genaden durch Herzog Wilhelmen, ainigen Regierenden Landfürsten in Bayern, Donnations weis (als Schenkung) zugeaignet worden, ist erster diß Aigenthumblichen Hofmarch Gerichts Höhenrain, In Khürchdorffer Pfarr unterm Haunpolt, Ayblinger Lanndtgerichts, 5 meil weegs von frtl. Haubtstat München, in bemeltem Rentambt, obern Lands Bayern gelegen. Anno 1544 Sonntags Exaudj von weillandt Herzog Wilhelmen ainigen Regierenden Fürsten in Bayern für bemelte Hofmarch Taufkhürchen durch

---

160 Hans Baptist erhielt wohl die Hofmark Biburg als Leibgeding d. h. auf Lebenszeit verliehen und musste dafür den Unterhalt für Witwe und Tochter aufbringen.

161 Kurzer Streifzug

wexlhandlung davon hernacher merers Zuevernemen, An Ine Taufkhürcher khommen, unnd biß auf Anno 1581 Seines Tödlichen abganngs, 38 Jar lanng ruebiger Possessor (Besitzer), ohne underbruch gewesen.

2.4 Georgs Eltern und Geschwister

[Georg] Ist Hainrichen Taufkhürcher zu merernannten Taufkhürchen alda so nach seiner Maiorey auch Personlich resitiert, Veronica, geborene Kholdnerin von der Höch und Wispach, ausm Stüfft Salczburg gebürtig, uxoris Eius, aus beeder hinterlassnen eheleiblichen eltisten Sohn und ainigen Erb, etlichen ehel: Khindern und Söhnen, so Ao 1510 an Sant Ottmaritag in decembrj zu Taufkhürchen geboren.

Dessen eheleibliche Drei Geschwistrigeth, In leben verhanden, darunter ain brueder, Hanß genant, So weillen Herczog Ludwigen in Bayern, HofJunkher gewesen, zu München, alsda er begraben liget, unbeheirats wesens gestorben, sambt 2 eheleiblichen Schwestern, daraus Elise unnd Erste Schwester Veronica, Geörgen von Aresing diß namens und stammen leczten zu Türgenveldt und Pessenackher, weilland Herczog Wilhelmen unnd Albrechten Vater und Sohn, beeder nacheinander der Regierenden Fürsten in Bayern, Erstlich zu Aybling, hernacher zu Weillhaim, verlübten Pflegers, eheliche Hausfrau, so Anno 1593 ohne erzeugte eheleibliche Erben mit Ime,

nach seinem Tod hat sich Anno 1566 mit hausehelich in die Stat München begeben alda – in witib standt zu München etlich Jar lanng gewohnt und gestorben unnd in Franciscaner Closter Leichgang begraben ligt, hat dero Bruder Geörgen Taufkhürchers, eheleiblichen dreien Söhnen als ...Erben bei 3.500 fl wol wert erblichs guets hinterlassen.

Anndere Schwester Apollonia, Leonharden Gartners zu Machtenhoven, frtl. Bayer. Pfleger zu Stainpurg vorm Walt, eheliche Hausfrau, auch ohne eheliche leibserben daselbst gestorben.

2.5 Georgs Lebenslauf

Besagter Geörg Taufkhürcher ist Anno 1521 Alters bei 12 Jarn in der Jugent Khnabensweis, nach fürganngner Hochzeit Herzogs Wilhelms in Bayern pp mit Margrävin Jacoba von Paden zu dero frtl. Haimbfüerung ins Lannds Bayern geen München als frtl. Hofweßung und Residenz khommen, alda demselben Erster Camer Edlkhnabensweis, etliche Jar, volgend dero HofJunkchern mit den Pferten, auch etlich Jar, als 19 Jar lang embsig gedient, unnder dessen 2 unnderschidlich KhreiczZüg, ausser vaterlannds Bayern, unnderschidlichen frembten orthen und Nationen, Ersten Anno 1528 des türggischen Khaisers Selins belegenen vor der Haubstat Wien in österreich wegen Bairischen Craiß sambt anndern Adelsstands Persohnen zu roß.

Anndern Zug Anno 1530 mit Weillandt Herzog Ludwigen und dero frtl Hochernanten Adlsproßen aus Bayern p. Khays. Mayt. (kaiserliche Majestät) Carl des Namens Fünften

Belagerung zu Piemandt (Piemont) vor frlt. Stat Nissa (Nizza) biß zum Wiederabzug dessen behart, damit alsdann sämtliche [Teilnehmer] wieder zu Haus gelanget.

Nach absterben dessen sucedierenden Sohn, Herzog Albrechten (V. 1529 – 1579), als auch einzigen regierenden Landesfürsten in Bayern p. dessen Frau Gemahlin Anna (1528 – 1590), geborene Königin zu Ungarn und Behaimb, Erzherzogin zu Österreich, gewesen Anno 1550. Im Monat Marty von Mitfasten Zeit (der 4. Donnerstag auch der 3. Sonntag vor Ostern) anfangs dero HofJunkherr mit den Pferden etliche Jar, nacher dann Hof- und Cammerrath, auch Haushofmeister in der Neuen Veste zu München und unterschiedliche Ämter Verwaltung bis auf Hochernannte Fürsten löblichen Gedächtnuss unzeitlichen tödlichen abganngs, Anno 1579 Im Dezembri, 29 Jar lanng rhümblich gedienet.

Alsdann aber Herzog Wilhelm (V. 1548 – 1626) Namens, ainigen regierenden Landesfürsten zu Bayern, als Enikhl (Enkel) zu München, alda er, Taufkhürcher, den 17. August Anno 1580 Alter in 72 Jahre Exhaustus et Etate Confectus verlübter Hofrath bei ainem Jarlang gewesen, seligelich gestorben, von dannen auf sein Anwesen geen Höhenrain endtgefiert, daselbst in St. Michaels Gotshauß seinem Stand nach begraben worden, hat statlichs vermügen hinterlassen.

Ist alß in obhochgedachten dreyer Undterschidlicher Zeiten, nacher annder regierender löblichen Fürsten in Bayern, Ine anbefohlen und vertrauten frtl. ansehnliche Hofämter und Dienste ohne Unterbrechung auf 60 Jahre, darunter nach ausgestandener leib- und lebensgefahr Pestis Infection Anno 1563 und 72. Ine allain vertrautem frtl. Schloß und Burgvesteverwalter aber gegen seiner Posteritet unerbefreundt verlübt verwesen unnd in bemelten Diensten wie verstanden gestorben.

2.6 Georgs Ehefrau und Kinder

[Georg Taufkircher] hat Anno 1536 Alter in 28 Jahr mit Brigita, des Hannsen Wagers zu Höhenkirchen, Herzog Wilhelms in Bayern, gewesten dißnamens anndern (zweiten) Jägermaisters zu München erster Hausfrauen, eheleibliche eltiste Dochter Hochzeit. So durch hochermelten Fürsten ... zu Altenhof Irem adelichen Standt und gebrauch frei ausgehalten und darzue ain gulden gelegte Khöten (Kette), 60 Reinisch goltgulden wigent, welche dritem Sohn Hannß Babtisten in brüderlicher abthailung erblich [zu-]gefallen, verwahrt worden zu München gehebt, berürete sein Hausfrau bald nach Ime Alters ob 60 Jar Anno 1581 im Dezcmbrij alda suffigelich (sufficentia = genügsam) gestorben, heben miteinander 43 Jar lang wol gehaust und in freudlicher ainigkhait wol gelebt, darum zeitlichs statlichs vermügen Überkhommen und 10 eheliche Khinder erworben, daraus 4 Söhn, so auch hin und wieder etlicher orthen In und ausser Lands Bayern mit ansehnlichen frtl. Hof Ämtern und Diensten versehen worden sambt ainer Dochter Brigith genannt In Leben hinterlassen, darunter eltister Sohn ...

2.6.1 Hans Heinrich

Hans Hainrich, welcher Ao 1539 An Sant Leonhardtstag, den 6. November zu München geboren, Vaterlands Bayern, auf väterlicher Underhalt Erstlich auf 3 Underschidlicher Inner und ausser Teitschlandt frembter Lannden und Nationen Uniuersiteten, als Ao 1553 Zu Ingolstat in Bayern 5 Jar, Ao 1558 zu Burgiß in Frankreich 4 Jar, Ao 1563 zu Padua in Italien bei ainem Jar lanng Jura Studirent Sine gradus Assustione (ohne Graduierung zu erlangen), sambt beder frembten Sprachen erfarent.

Volgent, 1564 Im January, Herzog Albrecht in Bayern Hofrat zu München khomen, den er 5 Jar lanng embsig besucht (Ergänzung auf dem Rand unleserlich) und Ao 1568 nach Herzog Wilhelms als Herzog Albrechten, eltisten Sohn in Bayern p. mit Herzogin Renata (1544 – 1602) von Lottringen und Par p. gehaltener Hochzeit zu München[162] auf abtretung Caspar Hürschauers zu Hürschpichl, so hernacher frtl. Bayer. Salzmair (Salinenverwalter) zu Reichenhall worden.

Als Antecessorn (Nachfolger) die frtl. GrenzPflegverwaltung Aurburg gegen Tyroll succedierent sambt dem frtl. Rat Titl von Hauß aus bezogen, dieselb 16 Jar lang, darunter 14 Persöhnlich, die andern 2 durch seinen Schwagern Hanß Adam Schweitharten zu Högling und Prandshausen, So Elisabethen geborene Kutscherin Als gedachts Taufkhürchers ehelichen Hausfrauen Schwester Ehnvogt (Ehemann) 10 Jar lanng verwest worden.

Bis auf sein erschwachen aus erlitenene Fahl (!) mit ainem Pfert bei München ain halten neben annderen erforderten Landvesten (Landsassen?) unnd frtl. benamten Adeltstannds zu jezigen Khaysl. Maytl. Ruedolphen des andern belaitung (= Begleitung) aufm Reichstag geen Augspurg Ao 1582 auch rümblich (ruhmvoll) verwalten. Entzwischen 1577 nach abtretung seines Schwagers Adam von Niedergericht zu Mallusche und Eyrnpach, Herzog Wilhelmen in Baiern Rath HaußhofmaisterAmt zu Landshut succediert, darum bei 2 Jarlang behart. Davon als vertragliche schweren AmtsPürd 1538 selbgewaigert unnd bemelte GrainzpflegAmt (Grainz= Grenze) Auerburg widerumb bezogen

Hat Ao 1570 Im Januario alters in 31 Jar mit Khatarinen, Geörgen von Khitscher zu Öllkhoven und Eisendorff, frtl. Bayer. Pfleger zu Rosenhaim [und] Frauen Sophia geborene von Weidegg zu Angau aus frtl. Grafschaft Tyroll gebürtig, uxoris Eius, beeder eheleiblichen Eltisten Dochter Katharina, alters im 21 Jar, in Persöhnlicher gegenwart unnd antzall Bries[terlicher] und weltlicher Fürsten, abgewendten gestanndten ansehnlichen Prelaten, Freiherren, Adel und BürgersstandtsPersohnen Im frtl. Pannmarckht Rosenhaim, bei Haimeran Schiesl, Bürgers des Raths und Gastgebers (Wirt) alda, in gepflogener freuden statlich Hochzeit gehalten, davon sunderbarer Extract verhanden zu fünden. Erzeuget beieiander 8 eheliche Khinder, davon noch 4 im leben verhanden, darunter 3 Söhne 1 Dochter.

---

162 Die Prunkhochzeit, deren Gesamtkosten sich auf 194.000 fl belief, fand am 22. Februar 1568 in München statt. Quelle: Schmid/Weigand, Die Herrscher Bayerns, S. 190

2.6.1.1 Hans Heinrichs Kinder

Grester und eltister Sohn, Namens Georg Hainrich, so Ao 1577 den 18. January Im frtl. Grainzpflegschloß Auerburg, geboren, Ist Anno 1596 alters im 19. Jar aus eigner bewegnus und seiner Eltern Willen sambt einem Jungen Baltl: (Balthsar) Rueder genannt, Summerszeit Ins Christlich Khaiserliche Veldlager wider den Erbfeind den Turggen zubesuchen In Ungern gewesen, Erstlich nach verbrennung der Vestung Hatuan, volgend bei fürgangener laidiger Niderlage der Innsern bei Erlaw in der flucht, Paterna in Pensa unnderhalten, ohne Unndergestelt 5 Monat beeder orthen gewesen, daraus Ao 1597 Im January ain Knhie des gerechten Schenkhls schadhafft, zu Ross, sambt bemeltem Jungen wider zu Hauß gelanngt.

Hildeprand, Miterer Sohn Im 1582, den 21. Januar obbemelts orth geborn, In Convictoris Et disciplina Jesuitarum primortia und rudimenta (im Konvikt der Jesuiten Grundlagen) aber ohne fruchtschaffung quia hebeti Ingenii (die Anlagen abgestumpft?) 5 Jar lanng Studierent, aber daraus Ao 96, An ausser Lands abwesenden brudern Georg Hainrichen statt, wider anhaimbs abgefordert alda er nach dieser Zeit ohne erfahrung ist.

Hans ötl, Jüngster, So Anno 1587 den 27. August zu Hohenrain geborn, Ist Ao 1599 LiechtmessenZeit der witfrauen Elene Schwarzin zu München Conuctorium geg. Halbjarlicher Auszahlung darfür pro Victo Et Potu (Essen, Trinken) Et Siglma (?), Et habitatione (Wohnen), Nec – non Seruitiorum prestation (ohne Bedienung) in allem aber 80 fl vertraut, gleichfals frequentiert obbemelter orthen schuell, darinnen er verschinen quartal weihnachten In primam classem rudimentorum samt andern ascendiert (aufgestiegen).

Brigita, ainige Dochter, Anno 1571 den 20. Marti In obgemelten frtl. Schloß Aurburg geboren, Ist 1596 Im January Sigimunden Münch zu Münchhausen und Ober Edt. Haben, so In seines Schwagern unnd Mummen (Muhme, Tante, Kusine, Verwandte) Hannß Warmundten von Pienzenau, gewesten frtl. ... in Bayern Truchsess p., Anna geborene Münchin zu Günzelkhoven, uxoris Eius, beeder Adelichen Schloß Zinnenberg versprochen und hochzeit miteinander gehalten, der ist für väter-müeterlich Erb heurat und paraphanalguet[163] gegen geleister breuchiger (gebräuchlichem) verzicht auf mannlichen namen und stammen[164] P 2000 fl samt empfangener förtigung (Fertigung = Aussteuer) Iren Ern und Stand gemeß In allen bei 3000 fl anlauffent ausgesteuert worden.

---

[163] Paraphernalgut = Nebenheiratsgut, das die Frau außer der Mitgift noch in die Ehe einbringt

[164] Verzicht auf jegliche weitere Ansprüche an den Taufkirchner Stamm

2.6.2 Hans Georg

Hans Georg, vilbemelts Geörgen Taufkhürchers seligen annderer Sohn, Ao 1541 den letzten Marti zu München geborn, Ist Anfangs Siben Jar langs auf der Univörsitet zu Ingolstat in Bayern und sovil Jar zu Leoven (Löwen) In Brabant, als Nider Teutschlandt (!), beeder orthen 14 Jarlang auf väterlicher unterhaltung wol studieret gewesen, von dannen 1566 anhaimbs abgefordert worden und Ao 1567 an Bischof Ernsten zu Freising Herzog in Bayern, Hofrat und Cammerer alda worden.

Hat 6 Jar lang daran rhiemblich gedienet und Ao 1572 dabei als verlübter ain frt. Hof zu Rhom seligenlich gestorben. Ligt In Sant Peetri Lateranesis dem löblichen Teutschen Nationkhürchen aldort begraben.

2.6.3 Johann Babtist

Johann Babtist, driter Sohn, welicher Ao 1552 den 23. Marti zu München geborn, Ist alters bei 12 Jarn Ao 1564 mit dem Edlen Herrn N. von Tiepperskhürch (Dieperskircher), Adel Standts aus Bayern, als Khaisl. Maytl. In Polln Silber Cammerer, An weilland dero Frau gemahl Katarina in Polln, geborene Khünigin zu Unngern und Behaim, auch Erzherzogin zu Österreich, anfenckhlich Edl Khnabens weiß, in dero Khüniglichen Hauptstatt Ratumb im Großfürstenthumb Lüttau, 5 Jar Nacher Truchsess zu Lintz in Österreich Jar lang biß auf dero Christlichs ableiben, aldort, Siben Jar lanng Volgennt 1573 Bischoven Urban zu Passau Adelichen Geschlechts zu Thrennpach verlübter Camnmerer und HofJunckher mit den Pferdten 18 Jar lanng gedienet.

2.6.4 Wilhelm

Wilhelm Taufkhürcher, vierter und jüngster Sohn, Ao 1553 Sommerszeiten zu München geboren und durch Herzogen Albrecht in Bayern eltisten Sohn Wilhelm aus der Tauff gehebt, auch Wilhelm nachgenannt worden, Ist Ao 1567 gleichfals Parterna in pensa erstlich zu Ingolstat in Bayern studieret, hernach zu Wien in Österreich, alda neben Khayerl. Mayt. Maximillian, diß namens anndern Hofhaltung und wesen alda, dann auch Päbstlicher Heilligkheiten Gregori Huius Nominis des 11. fautoris Germanorum Hofstate zu Rom (quod Caput mundi fertur) besechung neben studieret und Italienischer Sprachlernung wegen dreyer orten 6 Jar lanng gewesen.

Als dann Ao 1576 nach absterben an seines brueders Hanß Geörgen statt, Hochgeachts Herzog Ernstens in Bayern, Bischofen zu Freising, Erstlich HofJunckher und Truchsess, hernacher dero Rath. Smiul alda bei 5 Jar lang biß auf andertung (Änderung) dero Churftl. Regierung zu Cölln, rhuemblich gewesen, von dannen an Ao 1578 Antlas Zeiten Ex venetiis Propis motu (über das nächstgelegene venedig), Et Sumptu mit FreyHerrn Ferdinannten von Schönkhnacher aus Österreich und Edl und gestrengen Herrn Faust Dietrich von und zu Hochen Rechperg, PfanndHerrn der Grafschafft Schwabegg zu Thürkhaim, Eltern ausm Lands Schwaben gebürtig, per mare In

Compaignia Pilgrams weis In Palestinam geraist, daraus eodem (dazu) Ao. zu und des Novembris prostitis votis Consporus Et vite Periculo (laut Versprechen und in Lebensgefahr) Laut verhandener dero Testinoninalien (Festlegungen) Ausser gedachts von Rechperg verstunderwegen von Inen Verrer? nach Malta verraist, samtentlich in Columes (in Gemeinschaft) (Ao 1582) glickhlich yeder widerumben zuHauß gelangt.

2.6.5 Brigita

Brigita, vielbemelts Geörgen Taufkhürchers einige Dochter, welche 1548 zu München, den 14. Febr. geboren, Ist alter im 23 Jar auf Landfürsten Albrechten in Bayern pp. ernstlich vielfeltigs begern Ao 1570 (?) In Weihnachfeiertagen neben vilfeltiger Verderster aber wenig empfundener frtl Gnadenerzaigung, anfencklich wider der Eltern willen, Emanuele Welser zue unnder Meuthing (Untermeitingen bei Augsburg) als dero frl. Hofrath zu München valzierent (gewesener) Pflegern zu Pfaffenhoven verheurat.

Die haben 1571 zu Mayo miteinander zu München Hochzeit gehalten unnd in lebzeiten dero Vatern über versprochen und empfangnnen Heurat: und Erbguet 4000 fl, deren sy in Lebzeiten 2000 fl empfanngnen aber unersettiget (unersättlich), nach ableben ihres vaters wider wertig über geförttigeter Heiratsnotl Innhalt von Iren 3 brüedern noch 4700 fl, thuet in Gelt Summatum 8700 fl sambt statlicher ausfertigungs (Mitgift), auch 600 fl wol wert, gegen genüegnsamer Verzicht auf mannlichen namen und Stamens laut frl. unreverssieter Handlung, Ao 1581, aber solcher wenig und khurze Zeit Genossen, dann sy nach der Niderkhunfft aines Maidls als leczten Khindts Ao 1587 Im Mayo zu München gestorben.

Maritus Eius hernacher Ao 1599 den 12. Dezember zu Prag zu Behaim Im witibstands auch gestorben und siben lebendige maißthentailß unerzogene (unmündige) Khinder[165] dazu wenig fueggern[166] Vermögen hinterlassen, daraus noch 5 in leben vorhannden darunter Eltißter Sohn, Haubtman Wilhelm Geörg Welser, welcher 4 underschidlich Kreuzzüg, 1 zu Frankhreich zu Ruon (Rouen), 3 zu Ungarn, annderer Phillip, Conventherr zu Paumburg, 3 Dechter, deren eltißte Jacoba, ain Closterfrau zu Geissenveld, anndere mitern, Renata genannt, im Closter SelligenThall bey Landshuet, bede geistlichen stands gebliben, Jüngste, drite Dochter Stolastica, noch in Pubertate, welche weltlichs Stands vorhanden.

3. Abschrift vom Schreiben der „Landschaft[167]" zur beantragten Edelmannsfreiheit Joh: Bapt: Taufkircher Abschrift. Unser p. 1594:

---

165 Dies widerspricht der folgenden Information, wonach nur noch ein Kind (das 1587 geborene) „in Pupertate" ist.
166 Handel treiben, schachern
167 Standesvertretung von Adel, Geistlichkeit und Kommunen

Was Ihr Uns einer in den fürstl. Landgerichten Schwaben und Aibling gelegener einschichtigen Güter halber, und daß sie durch Gemeiner Landschaft Verordnete Steuer Rentamts München in die Steuer gezogen und belegt worden seyent, beschwernusweis zugeschrieben, das haben Wir samt dem Einschluß mehrers Innhalts im Rath abgehört. Nun wolten Wir Euch gleichwohl auf erstgedachten einschichtigen Gütern die erklärte Lands-Freyheit (Edelmannsfreiheit d.h. Gerichtsrecht über Höfe in fremden Dörfern) , und daß Ihr derselbigen theilhaftig seyn, und genüßen möget, Unsers theils wohl gonnen, dieweil Uns aber in dergleichen Fällen der fürstl: Drlt: Unsern gdigisten: Herrn, und Landsfürsten Herzog Wilhelm in Bajern p. fürzugreifen nicht gebührt, noch Verantwortlich seyn würde, also werdet Ihr die Sachen bey Ihrer fürstl. Drlt. An-zubringen, und richtig zumachen wissen, wofür Euch dann Se. Frtl. Drlt: angeregter erklärter Landsfreyheit auf solchen Gütern geständig seyn, und Ihr Uns dessen von der fürstl: Kammer gewöhnlicher Schein fürbringen werdet, wöllen Wir alsdann von gemeiner Landschaft wegen verfügen, und daran zuseyn nicht unterlassen, damit Euch mit Absteurung solcher Güter ferners kein Eintrag widerfahr. Welches Wir Euch mit Erbiethung fürstl: Gutwilligkeit von Nachrichtung wegen nicht bergen wollen.
Datum München den 19. Novbr. Ao 1594.
An Johann Baptist Taufkürcher zu Byburg. NB: Der Original Aufsatz hievon findet sich in den alten bebundenen Landschafts Acten Tonnus 22. Fol. 327 A: K ober dem Kasten 4.
Landschafts Schreibens Copia an Johann Baptist Taufkirchen zu Biburg die auf seinen in den fürstl. Landgerichten Schwaben und Aybling entlegenen einschichtigen Gütern gaudirente (Höfe bewirtschaften) Edelmanns Freyheit betr. 1594 [168]

4. Soldquittung des Leutnants Hans Georg von Taufkirchen aus 1639 [169]:

Ich Hanß Geörg von Taufkirchen, Churfrl. Dl. (kurfürstlicher Durchlaucht) In Bayrn p. (usw, wörtlich: (lat.) fahre fort) Leuttenant zu Fridberg, Bekenne hiemit, daß Ich von Churfrl. Pfleggericht Fridburg, von izt nunmehr von iztabgeschneiden, unden benanten Jars, mein bestallung der Ainhundert Gulden, ohne abgang bar empfangen hab, deswegen Ich disen Schein, und respektive Quittung von Handten sub, den Sibenzehenten December Im Sechzehnhundert Neujnunddreisigsten Jar..
Hanß Geörg Thauffkhircher von Tauffkhirchen hiran und Leuttenants zu Fridburg Quitschein umb sein Jarsbesoldung Ao 1639 P. 100 fl Fryburger Leuttenant Ambt

---

168 Hist. Atlas Bayern, Altbayern, Heft 17, Aibling & Hohenwaldeck, S. 213: „Die einschichtigen Güter wurden erst 1631 in die Hofmarksgerichtsbarkeit eingeschlossen, als die Hofmarksherren [von Höhenrain] die Edelmannsfreiheit erhielten."
169 Letztes Lebenszeichen vom letzten Taufkircher (wohl (Hans) Georg Ludwig)

Anhang 5: Der Topos des Kriegers

Hilprant Taufkircher ist auf seinem Grabmal als Kämpfer in der Rüstung dargestellt mit der Lanzenfahne in der Rechten und mit Schwert und (Wappen-) Schild auf der linken Seite. Diese Art der Präsentation auf Gräbern (Kunstgeschichtler sprechen vom „Topos") war im Mittelalter und der frühen Neuzeit - hierzulande stets mit der am Ende unzeitgemäßen Ritterrüstung - weit verbreitet wie z. b. die Grabplatte des Ritters Otto von Pienzenau zeigt. Es heißt: „Wahrscheinlich ist in Frankreich im Zeitalter der Kreuzzüge diese Sitte aufgekommen und von dort verbreitet worden ... Der Gedanke des „christlichen Ritters" muss aus der Kreuzzugsidee entstanden sein. Der neu aufkommende Stand des abhängigen Dienst- und Schwertadels fand hier seine geistige, also im Mittelalter religiöse Deutung: Auftrag und Aufgabe im Sinne des Kreuzes, damit Geltung und Würde. Der König von Frankreich wurde seit der Weihe Ludwigs IX 1226 vor der Krönung zum Ritter geschlagen ... Der Ritterstand wurde durch diese Symbolhandlung ... politisch- kirchlich in seiner Bedeutung legitimiert. Der christliche „Ritter", aus den Ministerialen, den „Reitern" im Aufgebot eines Adligen, allmählich selbst in den Adel aufgestiegen, wurde auch für andere Stände vorbildlich. So ließen sich Herren und Fürsten als „Ritter" in Rüstung darstellen."[170]

Abb.: Ritter Otto von Pienzenau ✟ 1371   Abb.: Röm. Stichilo-Diptychon, Elfenbein aus Monza   Abb.: St. Demetrios, Mosaik. 12. Jhd., aus Thessaloniki (GR)

Das heißt für „unseren" Hilprant und seine Nachfolger, dass sie sich auf den Grabmalen und im Wappenbuch als Ritter darstellen ließen, obwohl sie diesem niederen Stand bereits entstiegen waren.

Der Topos des Kämpfers mit Lanze, Schild und Schwert stammt jedoch bereits aus römischer und byzantinischer Zeit, wie die Abbildungen beweisen.

---

170 Kurt Bauch, Das mittelalterliche Grabbild, Verlag de Gruyter, 1976, S. 120

Anhang 6: Siegel

Abb.: [S] HILPRANDI TAUFCHIRCHERII | S hanns daufkircher

Das HStA teilte mit Email vom 19.3.2013 mit, dass bei der Wiedergabe des Siegels von Hilprand in den Monumenta Boica[171] das „S" (für Sigillum) übersehen wurde. (Auf dem Siegel ist der Löwe ohne Schwert zu sehen; vermutlich weil die Wachsteile bis zum Zeitpunkt der Darstellung im Buch abgebrochen waren.)
Die Originale werden verwahrt unter: Angerkloster München Urk. 255 und 699.

---

171 MB Bd.18, S. 725 Tab. XI (Ausschnitt). Die ersten Bände der MB wurden zwischen 1763 und 1829 veröffentlicht.

Anhang 7: Verhandlung vor dem Pfleggericht in Miesbach im Jahr 1630[172]

Wegen Streitigkeiten um Zäune um Wald- und Weideflächen bei Miesbach fand eine gerichtliche Begehung der Örtlichkeit unter Vorsitz des Herrschaftsrichters Otto Taufkircher statt. Über die „Häger und Zeun" wurde eine Beschreibung (mit Festlegung der Zuständigkeit) angefertigt. Die Beschreibung ist nicht überliefert. Vor Gericht erfolgte dann die abschließende Beurkundung.

„An heut den 8. July Ao (1)630 seind In peywesen der Edle gestrenngen Ehrnvesten Fürnemen, Ehrngeachten und Erbarn, Junckher Hanns Othen von Taufkhürchen und Hechenrain, Churfrtl. Dtl. In Bayern p. Reitterleitnamt, und dieser Zeit Herrschaffts richter, Wolffen Schenzinger, Gerichtsschreiber und Lehenprobsten, Geörgen Mayr, Geörgen Eckharden, beede Gerichtsprocuratoren, und Hansen Schmidt, Ambtmans, dann Wilhelmen Pischl, Kornmesser alls Seckhel, Hannsen Carl Lebzelters, Abrahamen Schwärzenpergers Huefschmidt und Mathias Ober Schlossers, derweilen Bürgermaister, Geörgen Schraivogel Gastgeben, Hannsen Deyel Peckhen und Wolffen Hörl, gewester Wachter, Item bei Gericht: Wolffen Khürchenhofen an der Pürckhen, Balthauser Stadlperger am Dietersperg und Wolffen Pauer am Aigen die Häger und Zeun so ain Gmein und Nachperschafft umb deren zuegehörig Gehülz unnd Weyden, alls weiter sich dieselben erstrecken von ainen orth zum anndern abganngen besichtiget unnd beschrieben werden damit khonnfftiger Zeit nit Streit oder Irrung entstehen, sonndern yeder thail wisse, waß er zumachen schuldig, wie lanng oder weith es sich erstreckht, unnd wie es annder werts von alth gebreichig gehalten werden solle, massen underschiedlich hernach volgt, Actum wie obstet.

Zu uhrkhundt dessen hat der Edl und gestreng Junnkher Hanß Ott von Taufkhürchen, und Hechenrain churf. Dtl. In Bayern p. Reiterleitenambt und derzeit Herrschaffts Richter zu Miespach, sein Aigen Adelich Petschafft Gewohn dessn annderwerts ohne Schaden .. getruckht. Actum wie vorsteht."

Juncker = (hier) Landjunker, Landadeliger   Seckhel = Säckler, Beutelmacher
Kornmesser = Eichmeister für Getreide   Petschafft = Siegelstempel

---

172 StA München, Pfleggericht Grafschaft Hohenwaldeck 189

Anhang 8: Riedlers Seelhaus

Klara Auer brachte u. A. ein Haus in die Ehe ein, das im Zentrum von München neben Riedlers Seelhaus (oder Regelhaus) am heutigen Max Joseph Platz lag und eine klösterliche Gemeinschaft beherbergte.

Abb.: Riedlers Seelhaus (rechts), aus dem Münchner Häuserbuch von 1958-77

Anhang 9: Die „Burg" der Taufkircher

Im Wappenbuch der Taufkircher, das um 1600 erstellt wurde, wird das Haus der Familie so beschrieben: „ain alt Edlmanssitz und zweigätig Anwesen als von Holczwerch unnd theils gemauert". Es heißt ab 1300 habe sich aus dem Pfostenhaus der Ständer-Bohlen-Bau entwickelt[173]. Charakteristisch für diese Bauweise sind die auch bei zweigeschossigen Gebäuden durchgehenden Stützen oder Ständer und die meist waagerecht eingepassten Bohlen der Wände. Die Stützen werden zum Schutz gegen Feuchtigkeitseinflüsse nicht mehr im Boden eingelassen sondern auf Mauerwerkfundament und Grundbalken aufgelegt. Die „Burg" der Taufkircher[174] könnte demnach um 1600 wie das untenstehende Gebäude ausgesehen haben. Der Küchenbereich war aber vielleicht aus Feuerschutzgründen gemauert. 1626 wird das Gebäude jedoch als „nicht bewohnt und schon ruinös"[175] beschrieben. Es wurde offensichtlich abgebrochen, so dass heute seine Lage nur vermutet werden kann.

Abb.: Ständerbohlenhaus aus Hedingen / Schweiz

---

173 Karl Erdmannsdorffer, Das Bürgerhaus in München, Verlag Ernst Wasmuth, Tübingen 1972

174 Philipp Apian hatte 1585 in seiner Topographie von Bayern geschrieben: „Taufkirchen ein Dorf, eine Kirche und eine Burg der Herzöge von Bayern". Gertrud Diepolder kommentiert im Oberhachinger Heimatbuch: „Apian [hat] offensichtlich jeden Edelsitz in der Hand des Landesfürsten [als] arx = Burg/Schloss bezeichnet."

175 HH S. 403